ARTHUR RIMBAUD
LE VOLEUR DE FEU

Sarah Cohen-Scali

ARTHUR RIMBAUD
LE VOLEUR DE FEU

Illustrations :
Bruno Mallart

Pour Jean-Paul Corsetti,

« J'irai sous la terre et
toi, tu marcheras dans le soleil »
A. RIMBAUD

© Hachette Livre, 1994, 2001.

1

Fin octobre et il fait déjà froid. La faible lueur de trois bougies éclaire la pièce. On dirait que le jour rechigne à se lever.

L'accouchée repose sur son lit, le teint pâle. Ses lèvres serrées dessinent une mince ligne droite et ses longues mains noueuses paraissent rouges sur la blancheur impeccable du drap. Elle jette un coup d'œil autour d'elle, constate avec satisfaction que tout est propre, les cuvettes souillées et le linge sale ont disparu. La chambre semble en ordre. Le nouveau-né dort près d'elle, calé contre son oreiller. Elle perçoit le bruit de sa respiration, les petits cris qu'il pousse de temps en temps. Mais elle n'a pas envie de le prendre dans ses bras. Pas envie même de le regarder... À côté, le bavardage des deux femmes l'agace. La cloison qui sépare la pièce est si mince.

« L'est mignon, son second gars, à la Vitalie.

— Bah ! Un bébé c'est un bébé !

— Mais çui-là, il a vraiment d'beaux yeux, bien bleus.

— T'as toujours pas remarqué qu'ils ont tous les yeux bleus, les petiots ? Depuis le temps qu'on aide aux accouchements !

— Dis donc, ça commence à faire du monde ici, le vieux, la Vitalie, les deux petits, le capitaine...

— Ouais, mais comme il est toujours en vadrouille celui-là, ça fait une place de libre.

— Pour sûr. Seulement, à chaque fois qu'il passe trois jours ici, il l'engrosse à la Vitalie, alors à ce train-là... »

La conversation est interrompue par des ricanements, le bruit du vin qui coule dans les verres. De l'autre côté de la cloison, elle, elle enrage : cette bouteille devait faire toute la semaine...

« Au fait ! Où il est le capitaine, en ce moment ?

— En garnison à Lyon. Ils vont partir pour la Crimée à c'qu'on dit.

— Eh ben ! Elle est pas près de l'revoir, son homme, la Vitalie.

— En plus, y paraît qu'là-bas, y a une sacrée épidémie de choléra en ce moment. »

Elle n'y tient plus. Comment faire taire ces deux

commères ? Elle se tourne vers la fenêtre. Une fine pellicule de givre couvre les vitres. L'aube commence à pointer. Les bougies se sont consumées et la pièce est plongée dans la pénombre. Il fait gris, comme toujours à Charleville, pourtant, on dirait que, par moments, un timide rayon de soleil essaie de percer... Un rayon de soleil ?... Elle cligne des yeux, sa vue lui joue des tours... La fenêtre s'ouvre sur la rue Napoléon. Y a-t-il des arbres dans cette rue ?... Oui, non, elle ne sait plus tout d'un coup. S'il y a des arbres, ils ont perdu leurs feuilles en cette saison. Alors pourquoi croit-elle discerner des couleurs derrière la vitre ? Oui, du rouge, du vert, du bleu. La fatigue est en train de lui faire perdre la tête. L'accouchement a été douloureux, plus difficile que le précédent. Il lui faut du repos. Il lui faut fermer les yeux. Mais pourquoi ne peut-elle détacher son regard de la fenêtre ? Elle a l'impression qu'il y a quelqu'un derrière, une présence...

Soudain, la pièce est baignée d'une lueur vive. Elle lève aussitôt le bras pour se protéger de cette lumière aveuglante, si brutale. Un rayon de soleil traverse la chambre en diagonale, un soleil incongru, inhabituel, impossible dans le ciel de Charleville, il éclaire en plein le visage du nourrisson. Pour la première fois, elle se tourne vers son fils : il a les yeux grands ouverts, il ne cille même pas, on dirait qu'il se réjouit de la violence du soleil !

« Marie ! »

Elle a hurlé. Puis, essayant de protéger le visage du petit, elle a fait un mouvement si brusque qu'elle a soulevé le drap et fait glisser l'oreiller sur lequel le bébé reposait.

« Hé là ! s'écrie la Chouvet en se précipitant vers le lit et rattrapant l'enfant de justesse. Un peu plus et il tombait par terre ! Faudrait p't'être pas lui donner trop tôt le goût d'l'escapade à c'petiot ! C'est-y qu'vous voudriez qu'y soit promeneux comme son père plus tard ?... Là, là, doucement, ajoute-t-elle en berçant l'enfant qui s'est mis à pleurer.

— Fermez les rideaux ! Il y a trop de soleil !

— Du soleil ? répète la Chouvet d'un air ahuri. Où c'est-y qu'vous avez vu du soleil ? Y a un ciel si bas et si gris qu'il va presque nous tomber sur la tête. Il s'mettrait à neiger qu'ça m'étonnerait qu'à moitié. »

Elle se redresse, hagarde, embrasse la pièce d'un rapide coup d'œil. Le jour s'est levé, cependant la pièce s'en trouve à peine éclairée tant la lumière automnale est timide. Pourtant, tout à l'heure...

« Tirez tout de même les rideaux ! » reprend-elle d'un ton sec, mortifiée d'avoir montré un instant d'égarement.

La Chouvet, tenant toujours le bébé dans ses bras, obéit.

« Vous l'voulez, le p'tit ? demande-t-elle en revenant vers le lit.

— Non, couchez-le dans son berceau, à côté ! »

Sans insister, la Chouvet s'apprête à quitter la pièce, mais au moment de refermer la porte :

« Au fait ! remarque-t-elle, vous attendez le retour de votre mari pour lui choisir un prénom ?

— Non, je vais l'appeler Jean-Nicolas... Arthur », répond Mme Rimbaud avant de sombrer dans le sommeil.

2

Un amas de vieilles masures qui menacent de s'effondrer. Des pavés humides suintant l'eau de lessive. Un dédale d'escaliers branlants, d'espaliers nauséabonds. C'est le quartier des pauvres. C'est la rue Bourbon.

Au numéro 73, les époux Rimbaud et leurs quatre enfants louent le premier étage, une pièce unique, séparée en deux par une grande tenture de velours.

En cette fin d'après-midi de décembre, chacun tue le temps comme il peut.

Frédéric, âgé de sept ans, martèle un morceau de bois du talon de sa chaussure ; il compte en faire un soldat. La petite Vitalie, deux ans, passe et repasse sous la tenture de velours en marchant à quatre pattes.

Elle s'arrête près de son frère aîné, regarde d'un air sceptique l'objet qu'il confectionne, puis reprend son va-et-vient.

Arthur, lui, a six ans. Il ne fait rien, il rêvasse. D'un geste machinal, il s'obstine à balancer le berceau vide de Vitalie, l'autre Vitalie, la première, celle qui n'est plus là. La mère tient à garder son berceau et met un point d'honneur à en changer les draps tous les mois.

« Y a même pas une poupée dans ton berceau, remarque Frédéric. Pourquoi tu le balances ?

— Parce que ça me plaît. Et puis tais-toi, tu vas réveiller Isabelle. »

Isabelle, c'est la dernière née.

Soudain agacé, Arthur accélère la cadence du balancement, puis finit par lâcher le berceau, dont le bois craque comme pour se plaindre de cet arrêt trop brusque. Il écarte la tenture et son frère qui lui a emboîté le pas se prend les pieds dans le tissu.

« Tu l'as fait exprès, rien que pour me faire tomber ! »

D'un regard, Mme Rimbaud intime aux deux enfants de se taire. Assise dans un coin de la pièce, elle astique le sabre de son mari. Par moments, elle jette un coup d'œil sur celui-ci, installé en face d'elle. Elle a envie de dire quelque chose, mais se ravise et se remet à frotter avec une ardeur redoublée.

Le capitaine, lui, lit un livre en l'annotant.

« Gram... maire », déchiffre Arthur. Il s'approche de son père, hésitant. Le capitaine n'aime pas avoir ses enfants dans les jambes, il le sait. Mais tant pis. L'envie de lire ce qu'il écrit est trop forte. Agacé par la présence du petit derrière lui, le capitaine, dans un mouvement d'humeur, lâche le livre qui, en glissant à terre, laisse échapper une feuille libre. Une carte de géographie, criblée de flèches. Certaines villes sont entourées d'un épais trait noir. Arthur plisse les yeux afin de déchiffrer leur nom. Il fait presque nuit dehors, mais la mère attend toujours le dernier moment pour allumer les bougies. « Il n'y a pas de petites économies. » C'est sa devise.

« Le... Caire », lit Arthur au bout d'un moment. Un peu au-dessus, en caractères plus gros : « Égypte ». Où peut bien se trouver ce pays ?... Drôle de nom.

Le capitaine se lève et fait les cent pas dans la pièce. Ses lourdes bottes martèlent le plancher. On dirait des coups de marteau.

« Retire tes bottes ! lance Mme Rimbaud, exaspérée. Je vais les nettoyer. »

Sans répondre, le capitaine se dirige vers la cheminée. D'un geste nerveux, il tâte la veste de son uniforme qui sèche sur une chaise, puis cherche son képi : le petit Frédéric s'en est coiffé et se pavane à travers la pièce.

« Je t'ai déjà dit de ne pas toucher à ce képi ! Remets-le à sa place ! »

Frédéric obéit à contrecœur, pleurniche. Arthur, lui, à quatre pattes, examine avec passion la carte de géographie.

« Ces enfants sont vraiment insupportables !

— Frédéric, Arthur, dans votre chambre ! » ordonne Mme Rimbaud en se levant.

Elle n'a guère haussé le ton, mais son visage est fermé et le bleu de ses yeux a viré au gris : elle n'entend pas se répéter.

Frédéric file de l'autre côté de la tenture sans demander son reste. Quant à Arthur, il a du mal à abandonner la carte de géographie. Il jette un coup d'œil suppliant vers son père qui se réchauffe les mains près de la cheminée, hésite encore, puis finit par rejoindre son frère et ses sœurs.

« A froid, balbutie la petite Vitalie en venant se serrer contre lui. A peur... »

Les enfants savent que lorsqu'ils sont ainsi consignés dans leur coin, c'est que quelque chose se trame. Que va-t-il encore se passer de l'autre côté de la tenture ?... Ils entendent les pas de Mme Rimbaud, puis la porte de la grande armoire qui s'ouvre en faisant grincer ses gonds rouillés. C'est l'heure des bougies. Une allumette craque, un mince rai de lumière passe sous la tenture de velours, puis plus rien, le silence... Ils retiennent leur souffle, envient le bébé qui, à côté d'eux, dort paisiblement dans son berceau.

Enfin, au bout de quelques minutes, la voix du capitaine se fait entendre, un peu enrouée, hésitante :

« Je... j'ai décidé de... d'écourter ma permission. Je repars dès ce soir pour Grenoble.

— Mais tu devais rester avec nous jusqu'à la fin de la semaine !

— Je devais ! Je devais ! J'ai changé d'avis, voilà tout ! J'ai besoin de quelques jours de liberté pour faire des achats. La garnison part pour l'Égypte, puis de là, vers l'Afrique. C'est un voyage très long et je dois m'y préparer.

— Qu'entends-tu par "long" ?

— Eh bien... euh... je vais être absent pendant un an et demi. À peu près. »

Nouveau silence, Derrière la tenture, Frédéric et Arthur échangent un regard effaré.

« Renonce à ce voyage ! reprend Mme Rimbaud, la voix tremblante.

— Impossible ! Ce serait renoncer à mon métier.

— Parce que tu appelles ça un métier ?... J'en ai assez ! Je ne peux pas continuer à vivre ainsi, à attendre ton retour comme une mendiante, à élever seule quatre enfants ! Quatre enfants, tu peux imaginer les tracas que ça représente ? Mais non ! tu n'en as pas la moindre idée. Toi, tu ne les supportes pas plus de deux jours de suite...

— Tu ne vas pas recommencer tes jérémiades ! Ça suffit ! » coupe le capitaine.

Et d'un geste sec, il fait glisser la lame de son sabre dans son fourreau.

De l'autre côté de la tenture, les trois petits ne bronchent pas. Ils imaginent sans peine leur père, la main crispée sur la poignée de son sabre, comme il le fait chaque fois que la colère le prend.

« On n'est pas à l'armée, ici ! hurle soudain Mme Rimbaud. Tu vas m'écouter jusqu'au bout. Tu es responsable de notre malheur à tous. Est-ce que tu as seulement pensé au chagrin que j'ai eu lorsque Vitalie est morte ? C'est toi qui l'as tuée ! Je n'arrivais pas à m'occuper seule de trois enfants et j'ai dû la mettre en nourrice chez cette horrible famille de cloutiers qui l'a laissée mourir de faim.

— Je t'ai envoyé un mot lorsque j'ai appris la nouvelle.

— Un mot ! Un mot ! Mais c'est de toi que j'avais besoin à ce moment-là ! J'avais besoin de toi aussi lorsqu'il a fallu quitter la rue Napoléon, lorsque le propriétaire menaçait de jeter mes meubles dehors si je ne quittais pas les lieux dans les dix jours ! Sais-tu pourquoi il m'a chassée ? Parce que j'avais trop d'enfants ! Trop d'enfants et pas de mari !

— Je t'ai toujours envoyé de l'argent régulièrement !

— En attendant que les mandats arrivent, j'étais bien obligée de me débrouiller par mes propres moyens. J'ai passé trois jours à l'hôtel avant de trouver un logement. Parfaitement, à l'hôtel, moi, une mère de famille !... De l'argent, oui, parlons-en ! Qu'est-ce qu'il m'offre, ton argent ? Un taudis dans la rue la plus pauvre de Charleville, le voisinage avec les ouvriers, la crasse, tout ce que j'exècre ! De devoir vivre ici, mon pauvre père en est mort !

— De quelle mort vas-tu m'accuser encore ?... Écoute, Vitalie ! Mets-toi bien une chose dans la tête, jamais je n'abandonnerai mon métier. Tu savais en m'épousant que tu ne te mariais pas à un paysan. Les paysans, je les ai en horreur !

— Eux au moins font un métier honorable !

— Je sais bien ce que tu veux, va ! Tu veux reprendre la ferme de Roche à ton frère et faire de moi un fermier. Ah ! La joie du travail aux champs, la campagne ardennaise où l'on doit faire deux lieues à pied pour se faire servir un bock ! Jamais, tu m'entends ! Jamais ! J'ai besoin de lumière, de soleil, les voyages sont toute ma vie. Tu ne feras jamais de moi un Cuif ! Tiens, voilà ce que j'en fais de la famille Cuif ! »

De l'autre côté de la tenture, les enfants sursautent. Il y a eu un bruit terrible.

« A peur, a peur », chuchote la petite Vitalie en se collant davantage contre son frère.

Le fracas reprend de plus belle.

« Oh ! là ! là ! Arthur, viens voir ! s'écrie Frédéric, l'œil collé à l'un des nombreux trous de la vieille tenture.

— Y a rien à voir.

— Mais si ! Le bassin d'argent de grand-père, papa et maman se battent avec !

— Pas battre, pas battre, répète la petite Vitalie en tremblant. A peur du bruit ! »

— Chut ! dit Arthur en la prenant dans ses bras. N'aie pas peur, ma Vitalie. C'est pas pour de vrai. Regarde bien le rideau, imagine que... que c'est un rideau de théâtre. Tu sais ce que c'est, le théâtre ? »

La petite fait non de la tête.

« Le théâtre, c'est comme le guignol, ou le cirque. Y a toujours un rideau. Le rideau s'ouvre sur une scène, et puis, on joue de la musique. Tiens, tu l'entends, la musique ?

— La zique ? demande la petite. Où, la zique ?

— Tu te rappelles, quand grand-père donnait des coups d'ongle sur le bassin, ça faisait de la musique ? Eh bien, là, la musique est plus forte, c'est tout. Et tout à l'heure, derrière le rideau, il va y avoir un spectacle. Écoute bien ! »

Arthur met ses mains sur les oreilles de la petite et doucement, commence à la bercer.

« Tu l'entends maintenant, la musique ? »

La petite ferme les yeux, met son pouce à la bouche, puis :

« Raconte encore la zique, Tur ! » murmure-t-elle avant de s'endormir.

Frédéric les a rejoints sur le lit. Allongeant les jambes de sa sœur sur ses genoux, il saisit la main d'Arthur :

« Quand on est serrés comme ça, on a moins peur, hein ? chuchote-t-il.

— Oui, on a moins peur. »

Les deux garçons fixent encore la tenture de

velours. De l'autre côté, le vacarme s'est tu. On n'entend plus que les pas du capitaine. Par moments, le rideau bouge et les enfants observent avec angoisse ce vieux tissu qui a l'air de danser dans le noir par magie.

Soudain, la porte d'entrée claque, puis plus rien, le silence total. Frédéric et Arthur osent à peine respirer. Voilà que les gonds de la grande armoire grincent de nouveau... Ils perçoivent des bruits de vaisselle.

« Frédéric ! Arthur ! »

Les deux frères s'interrogent du regard.

« Moi j'y vais, déclare Frédéric. J'ai faim. »

Arthur ne bouge pas. Mais la mère réitère son ordre. Il faut y aller. Il se dégage de la petite Vitalie qu'il allonge sur le lit et passe de l'autre côté de la tenture.

La clarté des bougies l'éblouit. Il cligne des yeux. La malle du capitaine a disparu. La chaise sur laquelle séchait sa veste est vide. Par terre, il n'y a plus ni la grammaire ni la carte de géographie. Il regarde sa mère, assise à un bout de la grande table. Ses cheveux sont lissés en bandeaux sur ses oreilles, seule une petite mèche rebelle tombe sur ses yeux, ses yeux qui sont secs. Elle se tient droite. Elle n'a pas posé de couverts devant elle. La table est mise pour deux. Deux, au lieu de quatre.

Arthur s'installe, les poignets de part et d'autre de son assiette, comme la mère l'exige.

« On se lave les mains avant de manger ! »

Les deux garçons se dirigent vers l'évier, se lavent

les mains, puis regagnent leur place et se font servir. Tandis que Frédéric avale goulûment sa soupe, Arthur joue avec sa cuiller. Il la trempe dans le bouillon, la tourne, fait des bulles, mais n'avale rien.

« Mange ! ordonne Mme Rimbaud.

— Je n'ai pas faim, répond-il sans lever les yeux.

— Faim ou pas, quand on a la chance d'avoir quelque chose dans son assiette, on mange. »

Arthur lance un regard complice à Frédéric.

« Je pourrais pas avoir la part d'Arthur ? risque celui-ci.

— Non, ton frère est trop petit pour son âge, il doit manger. Finis, range ton couvert et va te coucher ! »

L'enfant nettoie son assiette avec un morceau de pain qu'il avale en se léchant les doigts pour ne pas perdre une miette, et quitte la table, non sans avoir lorgné une dernière fois la ration de son frère.

« Eh bien ? » demande Mme Rimbaud, une fois seule avec Arthur.

Lui, serre le manche de sa cuiller jusqu'à s'enfoncer les ongles dans la chair.

« Pas faim », répète-t-il.

Mme Rimbaud ne réplique pas. Elle se contente de croiser les bras en regardant fixement son fils. Alors il comprend. Il comprend qu'il doit obéir, qu'elle va rester là toute la nuit s'il le faut, mais qu'il ne pourra sortir de table qu'une fois son assiette vide. Il sent le rouge lui enflammer les joues. Il sent les larmes qui montent. Mais il ne faut pas pleurer, surtout pas. Il ravale la boule qui lui noue la gorge et lentement, porte la cuiller à la bouche. Sans baisser les yeux, sans ciller.

Allongé dans le noir, Arthur ne parvient pas à dormir. Au-dessus de lui, le plafond craque, il y a du bruit là-haut. Qu'est-ce que cela peut bien être ?

Il repousse doucement Frédéric, venu se coller contre lui pendant son sommeil, et se redresse, aux aguets. Le bruit reprend de plus belle et couvre presque le gémissement du vent derrière les carreaux. Il se lève en grelottant et se dirige vers la petite échelle qui mène au grenier. Le cœur battant, il monte quelques marches, prenant bien garde de ne pas faire craquer le bois sous ses pieds nus. Une fois parvenu en haut, il s'arrête, surpris.

Sa mère est assise à même le sol, une liasse d'enveloppes à la main. Éclairée par la lueur d'une lampe à pétrole, elle les ouvre une à une, et lit les lettres qu'elles renferment. Elle est vêtue d'une fine chemise de coton blanc et ses longs cheveux châtains tombent sur ses épaules. Jamais Arthur ne l'a vue ainsi, sans sa robe grise, sans son chignon. Son profil régulier se détache dans la pénombre et la lueur de la lampe dessine des reflets violets sur sa chevelure. Elle est belle. Par instants, elle interrompt sa lecture pour sécher une larme du revers de la main. Son fils la regarde, stupéfait : elle sait donc pleurer, elle aussi ? La dernière lettre, échappée de ses mains, s'est égarée entre les plis de sa chemise, et elle demeure prostrée un long moment. Arthur a une terrible envie de se jeter dans ses bras. Mais il n'ose pas. La tendresse, il n'y est guère habitué. Toutefois... ce soir, après le départ du capitaine, ce serait peut-être différent ?... Il esquisse un mouvement lorsque Mme Rimbaud se lève soudain. Après avoir enfermé les lettres dans un petit coffret, elle quitte le grenier.

De son côté, Arthur s'empresse de redescendre et de se cacher entre les plis de la tenture de velours. Son cœur bat à tout rompre : si jamais sa mère s'aperçoit que Frédéric est seul dans le lit... Mais elle ne jette même pas un coup d'œil sur le coin des enfants et se dirige tout droit vers la grande pièce. Arthur l'observe encore à travers l'un des trous du rideau : elle ouvre l'armoire, y dépose le petit coffret, puis enfile une robe sur sa chemise, jette un manteau sur ses épaules et sort.

Où donc est-elle partie ? Va-t-elle revenir ? Elle n'a pris aucun bagage. L'enfant tremble de peur et de froid. Il grelotte sous sa chemise et ses pieds nus sur le plancher sont glacés par la bise qui s'engouffre sous la porte...

Et ses frère et sœurs, s'ils étaient partis eux aussi ? Vite, il va prendre la lampe à pétrole et entre dans la chambre pleine d'ombre. Frédéric dort ; une main sur le ventre, il doit rêver de soupe. Les yeux de la petite Vitalie sont gonflés et son souffle, pénible. On dirait qu'elle pleure en dormant. Isabelle, elle, a le visage tout plissé et ses poings minuscules sont crispés sur la couverture. Rassuré par la présence des petits, Arthur regagne la grande pièce. Et son regard s'attarde sur le lit des parents – vide, dans son coin d'ombre. Peu à peu, un souvenir riant lui revient en mémoire : le matin des étrennes, l'année dernière. Le capitaine était en permission pour quelques jours. Avec Frédéric et Vitalie, ils avaient, pendant la nuit, rêvé de leurs étrennes. Lui, dans quelque songe étrange, avait vu des joujoux, des bonbons habillés d'or, d'étincelants bijoux. Tous trois s'étaient éveillés le matin, joyeux, en se frottant les yeux, les cheveux emmêlés sur la tête, le visage rayonnant comme aux grands jours de fête. Tout doucement, ils avaient soulevé la tenture, puis grimpé sur le lit des parents : on avait échangé des souhaits, des baisers répétés. La gaieté alors était permise. Un grand feu pétillait dans la cheminée, toute la vieille chambre était illuminée et les reflets vermeils sortis du grand foyer tournoyaient sur les meubles vernis. Il n'y avait pas de sapin, mais la veille, le capitaine avait décoré la grande armoire avec de beaux tissus rapportés de ses voyages. Elle était belle, la grande armoire, avec tant de couleurs sur son bois brun. À terre, un cadeau avait été déposé pour chacun : un soldat de plomb pour Frédéric, un livre d'images pour Arthur, un coffret pour Mme Rimbaud, et pour la petite Vitalie, un hochet magique, confectionné par une femme d'un pays lointain, une femme qui, disait le capitaine, pouvait conter des histoires pendant des nuits entières. Quel beau matin que ce matin des étrennes !...

Mais ce soir, la chambre des parents est bien vide, le feu s'est éteint, aucun reflet vermeil ne luit sur les meubles. Demain, il n'y aura pas de baisers, pas de douces surprises. Que le jour de l'an, demain, sera triste !

Arthur frissonne de nouveau, essuie une larme d'un geste rageur. Puis il s'approche de la vieille armoire, de sa porte brune et noire. Il a souvent pensé aux mystères qui dorment entre ses flancs de bois. Ce soir, elle est sans clefs et, c'est étrange, il croit entendre, au fond de la serrure béante, comme un vague et joyeux murmure. Tout doucement, il tire la poignée. Alors, dans l'ombre des étagères, il aperçoit des couleurs : du bleu, du vert, du rouge... C'est sûrement le coffret que sa mère a rangé tout à l'heure, celui qu'elle avait reçu en cadeau. Il s'en souvient maintenant, il était fait d'émail coloré... Oubliant son chagrin, il ouvre de grands yeux : les couleurs bougent, oui, elles dansent ! Ce n'est pas un coffret qui est posé sur l'étagère, mais... un oiseau ! Un oiseau au plumage multicolore. D'un bond, il vient se poser sur l'épaule de l'enfant qu'une douce chaleur envahit.

Autour de lui, tout a subitement changé : le feu chante gaiement dans le foyer plein d'éclairs, par la fenêtre, on voit un beau ciel bleu, dans le vieux logis tout est tiède et vermeil, la bise sous le seuil a fini par se taire. On dirait qu'une fée est passée par là !

Arthur n'ose bouger, de peur que la vision ne s'évanouisse. Il a sommeil. Il voudrait s'endormir tout de suite, des couleurs plein les yeux. D'un pas très lent, il se dirige vers son lit et s'allonge. L'oiseau ne l'a pas quitté : il est là, posé sur l'oreiller, près de sa tête. Est-ce lui qui a ramené les pans de la couverture douillette ?...

Dans la grande pièce, la porte d'entrée claque : la mère est rentrée. Rassuré, l'enfant ferme les yeux : il ne sera pas orphelin.

3

Quatre murs d'un jaune délavé, criblés d'inscriptions, entourent la cour de récréation : « ROSSAT, je te rosserai bien les... Institution, Punition, Putrition... Rosa, Rosam, Rosarum, ROSSAT. »

Les élèves avancent, en rangs par deux bien serrés, sous l'œil sévère du surveillant. Ils contiennent leur impatience tant bien que mal jusqu'au porche et une fois passé celui-ci, ils s'ébrouent en tous sens, crient, piaillent, laissent exploser leur joie d'être enfin libres.

Seuls Arthur et Frédéric, vêtus du même costume de drap bleu ardoise, chapeau melon sur la tête, continuent à marcher d'un pas régulier en se tenant par la main. Ils savent que leur mère est là, juste à droite de la porte, et qu'elle n'aime pas les voir sortir en courant, encore moins en criant. Sans échanger un mot, les deux garçons l'encadrent, lui prennent la main, et tous trois commencent à descendre la rue de l'Arquebuse. Peu à peu, les bruits de l'école, les bavardages des mères, les cris des enfants, tout se tait et l'on n'entend plus que les trois paires de talons qui résonnent sur le pavé.

« Alors ? demande Mme Rimbaud au bout d'un moment. Les résultats de la journée ? »

Frédéric pique du nez. Il attend qu'Arthur réponde, mais comme à son habitude, celui-ci demeure muet, les yeux baissés, la mine renfrognée. Il est agacé : il n'aime pas le contact des gants de filoselle que sa mère s'obstine à porter, été comme hiver. Il n'aime pas qu'elle lui prenne la main, tout simplement.

« Alors ? » insiste Mme Rimbaud.

Frédéric finit par se lancer.

« Le proviseur a annoncé la liste des prix. C'est Arthur qui va tout rafler. Il a le premier prix en grammaire latine et en thème latin, le premier prix en français et en orthographe, en histoire, en géographie, en récitation, en lecture. Il a un accessit en calcul et sept nominations dans les autres matières.

— Et toi ?

— Le directeur a dit qu'Arthur était l'élève le plus brillant de l'Institution Rossat. »

Arthur lève la tête vers sa mère : elle va sûrement lui sourire ? Mais non, elle se contente de lui serrer un peu plus la main et l'enfant fait la grimace : décidément, ses gants sont rêches.

« Tu ne parles que d'Arthur, reprend Mme Rimbaud. Je sais qu'il travaille très bien en classe, mais toi ? Je te demande tes résultats à toi.

— Ben... moi, bredouille Frédéric, j'ai eu des mauvaises notes partout. Le directeur accepte de me laisser entrer au collège, mais il dit que je vais avoir du mal.

— Je ne te félicite pas. Tu es l'aîné et ton frère est dans la même classe que toi. Si ça continue, il va te dépasser. C'est anormal. L'aîné doit toujours précéder son cadet... Dépêchons-nous, Vitalie et Isabelle sont seules à la maison. »

Arthur rougit de colère. Il faut se presser maintenant ! Il faut courir ! À qui la faute si Vitalie et Isabelle sont seules ? La voisine pourrait très bien les garder, mais la mère refuse, elle ne veut rien devoir aux voisins, elle ne veut même pas leur parler, parce que ce sont des ouvriers, « des gens sales », comme elle dit.

Ils traversent la place Ducale. Arthur aurait envie d'y flâner un peu, c'est le seul endroit de Charleville qu'il aime. À Paris, paraît-il, il y a une place semblable à celle-ci, la place des Vosges. Paris... C'est bien loin de Charleville. Il se retourne sur la statue du duc de Nevers, au milieu de la place. Si seulement il pouvait y grimper. Là-haut, il doit faire plus chaud, le soleil est plus proche...

Rue Letellier, la cadence s'accélère. Autour d'eux,

des silhouettes pressées, elles aussi. Tout le monde court à Charleville. C'est à cause de la pluie. On ne flâne pas sous la pluie, on ne parle pas sous la pluie...

Le square de la Gare, la promenade favorite des vieilles sorcières gribouilles et des commères. Arthur les déteste, il active le pas.

La rue Bourbon apparaît enfin, sombre, humide. À quatre heures, il y fait déjà nuit. Les maisons, serrées les unes contre les autres, font obstacle à la lumière du jour. Là, on est bien obligé de ralentir, les trottoirs sont glissants. L'eau de lessive... Elle y ruisselle en permanence.

Mme Rimbaud pousse ses enfants dans la cage d'escalier. Deux femmes flanquées de marmots en haillons s'écartent pour les laisser passer et les regardent monter d'un air hébété : elle est si fière, la Rimbaud, toujours impeccable dans sa robe noire et ses petits sont si propres, si soignés.

Arthur s'est arrêté devant la porte qui fait face à la leur. C'est là qu'*elle* habite. Il tend l'oreille et l'entend rire, crier.

« Qu'as-tu donc à traînailler ? » lance sa mère en le tirant par la manche.

Il rentre à contrecœur. La pièce sent l'encaustique : c'est mardi, jour de ménage, Mme Rimbaud a passé tous les meubles à la cire. Les garçons retirent leurs godillots et enfilent les patins que leur tend Vitalie. À six ans, elle a déjà l'air d'une petite bonne femme, elle veille aux soins de la maison. Elle a préparé une boisson chaude pour ses frères. À peine l'ont-ils avalée que Mme Rimbaud range les bols et essuie la table. La pause est courte.

« Frédéric ! ordonne-t-elle. Prends ton livre et révise ta leçon ! Je te la ferai réciter après m'être occupée de Vitalie et d'Arthur. Comme tu es le plus lent, tu passeras en dernier. »

Nul besoin de dire à Arthur ce qu'il doit faire. Il prend son sac et s'installe sur la table de bois qui lui sert de bureau, près de la cheminée. Frédéric s'apprête à s'asseoir à côté de lui, mais sa mère l'en empêche.

« Change de place ! Viens près de moi ! Je ne veux pas qu'Arthur t'aide à faire tes devoirs comme hier. Tu dois apprendre à travailler seul. »

Frédéric s'éloigne en jetant un regard plein de larmes et d'envie sur son frère : comment fait-il, lui, pour manier si facilement le grec, le latin, tout le reste, à dix ans à peine ?

Arthur pose son encrier, sa plume, son papier buvard et ses livres. Il croise les bras, rêvasse. Tout est calme, on entend crépiter le feu, l'écho d'un rire traverse la cloison. Il n'a aucune envie de travailler. Ses leçons, il les sait déjà sur le bout des doigts. Et puis travailler est ennuyeux à mourir. Alors il ouvre son livre le plus grand et le pose debout sur la tranche : cela fait un petit paravent derrière lequel il peut se cacher. Ensuite il prend son cahier préféré, un cahier de brouillon sur lequel il écrit chaque soir. Il y note tout ce qui lui passe par la tête. Ce soir, il va entamer...

un récit ! Oui, un grand récit. Il saisit sa plume et d'une écriture appliquée, bien régulière, commence :

« Je rêvai que j'étais né à Reims, en l'an 1503... Mon père était officier dans les armées du roi. C'était un homme grand, maigre, chevelure noire, yeux, peau de même couleur[1]*... »*

Il s'arrête un instant et réfléchit en mâchouillant son porte-plume. Grand ? Chevelure noire ?... Il ne sait plus. Quatre ans qu'il n'a pas revu son père. Un vague souvenir lui revient en mémoire, une image, floue : un tissu qui danse dans le noir, le bruit d'un objet jeté à terre. Mais le capitaine, son père, comment était-il ? Ses yeux ? Bleus comme les siens ? Ou noirs ?... Bah ! Après tout ! Quelle importance ! Il relit sa phrase : elle sonne bien ainsi, donc, le capitaine restera brun.

« Mon père était d'un caractère vif, bouillant, souvent en colère et ne souffrant rien qui lui déplût. Ma mère était bien différente : femme douce, calme, s'effrayant de peu de choses et cependant tenant la maison dans un ordre parfait. Elle était si calme que mon père l'amusait comme une jeune demoiselle. J'étais[2]*... »*

Il s'arrête une nouvelle fois.
« Réécris cette liste de voyelles ! vient d'ordonner

1, 2. Extraits du *Cahier des dix ans,* in *Rimbaud, Poésies,* Éd. G. F., 1989, p. 39.

Mme Rimbaud à Vitalie. Dans l'ordre ! Et tâche de soigner ton écriture ! »

Arthur observe la haute silhouette sombre qui lui tourne le dos. Pas douce, pas calme. Elle n'a rien d'une jeune demoiselle. Les demoiselles ne s'habillent pas en noir...

Il reprend son récit sans enthousiasme : « *J'étais le plus aimé* ». Il raye ce qu'il vient d'écrire, hésite, poursuit encore, puis finalement tire un trait sur toute la page, passe à la suivante et la couvre de gribouillis : « *Saperlipopette ! Sapristi ! Saperlipopetouille ! Saperpouillotte !.. La suite prochainement*[1]... » Il va pour fermer son cahier, et puis il se dit qu'à tout récit, même raturé, même inachevé, il faut une signature. Alors, de sa plus belle écriture, il trace en lettres capitales : « *ARTHUR* ». Mécontent, il corrige : « *ARTHUR RIMBAUD DE CHARLEVILLE* », puis il ajoute : « *DE CHARLEVILLE-MÉZIÈRES* ». De plus en plus agacé, il gribouille encore : « Mézières... mais hier... CHARLEVILLE MÉGÈRE !!! »

Finalement, il arrache toute la page et en diagonale, écrit sur la couverture : « Rimboude ». Il croise les bras, fait la tête et, de rage, renverse son encrier sur son cahier.

Mme Rimbaud s'est retournée.

« Que se passe-t-il ?

---

1. *Ibid.*

— Rien, rien, répond Arthur en rougissant. J'ai juste cassé ma plume. »

Caché derrière son livre, il éponge l'encre avec un papier buvard. Bon, que va-t-il faire maintenant ? Pour la énième fois, Vitalie récite ses voyelles : a, e, i, o, u... Il jette un regard moqueur sur Frédéric qui potasse ses vers latins. Le pauvre ! Il sue à grosses gouttes. Il ne va pas bien réciter sa leçon et sera privé de dîner, comme d'habitude. À part les soldats de plomb et la soupe, rien ne l'intéresse, Frédéric...

Il se tourne vers le feu, fixe les flammes : elles dansent dans l'âtre, lançant des étincelles de couleur. Il ferme les yeux, bercé par la voix monocorde de Vitalie... Les yeux fermés, il voit encore valser les couleurs : noir, blanc, rouge... Puis il sursaute : sa mère vient de l'appeler. C'est son tour.

Mme Rimbaud ouvre les *Fables de La Fontaine*. Debout, les mains derrière le dos, Arthur récite *Le meunier, son fils et l'âne* sans la moindre hésitation. Ensuite il énonce des règles de grammaire et termine par des vers latins. Tout est parfait. L'ensemble n'a pas pris plus d'un quart d'heure.

« C'est bon, dit simplement la mère. Tu peux aller jouer un peu avant le dîner. Je vais m'occuper de Frédéric. »

Elle regarde l'enfant s'éloigner, ses livres sous le bras. On en fera quelque chose de ce petit, se dit-elle avec fierté. Vitalie et Isabelle sont encore trop jeunes, Frédéric n'est pas très intelligent, mais Arthur, lui, promet. Oui, c'est sûr, il deviendra quelqu'un. Elle le regarde avec orgueil. Elle ne voit rien. Elle ne voit pas... qu'il tire la langue.

Blotti entre les pans de la tenture de velours, le visage enfoui dans le vieux tissu qui sent le moisi, il tire la langue, de toutes ses forces, jusqu'à se défigurer, jusqu'à se donner des crampes. Il tire la langue parce qu'il en a assez. Assez d'être un bon petit garçon, un élève brillant, très intelligent. Assez de suer d'obéissance. Et tout en tirant la langue, il se bouche les oreilles, pour ne plus entendre cette voix :

« Reprends depuis le début, Frédéric ! On y passera la nuit s'il le faut ! Et cesse de pleurnicher ! »

Peu à peu, la voix s'affaiblit, devient un vague bourdonnement. Alors il ferme les yeux, serre les poings, frotte ses paupières... Ça y est, ça vient... Dans ses yeux fermés, il voit des points, des points de couleur, comme dans le feu tout à l'heure, comme dans ses rêves, lorsque l'oiseau lui apparaît... Étourdi, il tâche de reprendre ses esprits. Frédéric va occuper la mère encore un moment. C'est bon, il a le temps.

« Chut, Vitalie ! souffle-t-il en mettant un doigt sur la bouche, ne dis rien ! »

Et tout doucement, sur la pointe des pieds, il sort par la porte de derrière.

Il traverse le jardinet à l'odeur de chou pourrissant. Là-haut, dans le ciel noir, on aperçoit un bout de lune. Quatre à quatre, il monte les escaliers branlants, ouvre la porte des latrines et se tapit dans l'ombre. Il colle son œil entre deux lattes de bois et les observe : les autres enfants. Assis, entassés sur le palier. Chétifs, vêtus d'habits tout vieillots et puant la foire, ils jouent, avec la douceur des idiots. Soudain, son cœur s'emballe. Il l'a vue. C'est *elle,* la fille des voisins d'à côté. L'œil sombre, secouant ses tresses, elle a l'air d'une Indienne. Elle aussi l'a vu. Elle ouvre avec violence la porte des latrines et éclate de rire.

« Regardez qui est là ! Le p'tit chouchou à sa maman ! Hé, Rimbaud ! Tu respires quoi là-dedans ? Attention, tu vas t'salir et maman s'ra pas contente ! »

Elle l'attrape par le col, le tire vers la lumière. Ses doigts noirs de boue font des traces sur la blancheur impeccable de sa chemise.

« Lâche-moi ! »

Il la saisit par le poignet et essaie de lui faire lâcher prise, mais elle résiste, la petite brutale, elle s'accroche à lui, le pousse dans l'escalier, le force à descendre à reculons. Lui, tire sur ses nattes de toutes ses forces. Alors elle saute à califourchon sur son dos. Déséquilibré, il rate une marche et tous deux dévalent l'escalier en roulant l'un sur l'autre. Dans la chute, les guenilles de la gamine se sont relevées : elle ne porte pas de pantalons. Tandis qu'allongée sur lui, elle le meurtrit des poings et des talons, il lui mord les fesses. Elle hurle. Mais plus elle hurle, plus il mord. Alors elle finit par se laisser tomber près de lui, épuisée.

« Mon père ! lance-t-elle en se relevant, affolée. Lui dis pas qu'c'est moi qu'a commencé ! »

Il se redresse lui aussi, à regret. La saveur âcre de sa peau flotte encore sur ses lèvres. Tandis qu'il remet de l'ordre dans ses vêtements tout chiffonnés, une voix l'invective :

« Qu'est-ce que tu fous là, toi ? Vous vous êtes encore battus, vrai ? C'est elle qu'a commencé ? »

Arthur fait non de la tête.

« J't'ai déjà dit que j'voulais pas d'ennuis avec ta mère. Elle va encore venir gueuler si elle sait qu't'es là... Viens, toi ! »

L'homme monte l'escalier en tenant sa fille par la main et rentre chez lui. Arthur les suit jusqu'à la porte laissée entrouverte. Il aperçoit l'homme, affalé sur un fauteuil. Agenouillée près de lui, sa femme l'aide à retirer sa blouse et ses sabots. Elle lui sourit, mais il ferme les yeux en bougonnant :

« J'suis crevé ! »

Déçue, la jeune femme s'assoit par terre en regardant son mari qui s'est endormi. Elle est jolie, elle a l'œil sombre et vif comme sa fille.

« Ça m'gratte ! dit celle-ci, en s'accroupissant entre ses jambes.

— Encore ! On en finira donc jamais avec c'te vermine ! »

Elle attire la tête de l'enfant vers la lumière, défait les nattes, les sépare en raies bien nettes, puis y promène ses doigts frêles.

Derrière la porte, Arthur guette toujours. Enhardi par les ronflements de l'homme, il s'avance sur le seuil, entre tout doucement. La jeune femme lève la tête vers lui et sourit en le voyant passer sa main dans ses cheveux lissés à l'eau sucrée.

« Ben quoi ? Où c'est-y qu't'aurais attrapé des poux, toi, avec ta mère qui t'astique autant qu'ses meubles ? »

Il baisse les yeux. Il voudrait être sale, lui aussi... Mais la femme lui a fait signe d'approcher. Alors vite, il s'assoit entre ses jambes et se laisse aller contre sa poitrine. Les doigts fins et charmeurs fouillent la chevelure, font semblant de chercher les poux.

L'enfant sent monter en lui un désir de pleurer et les larmes coulent bientôt, lui brouillant la vue. Tout tangue, tout devient flou. C'est agréable. Peu à peu, la pièce auparavant si sombre est baignée d'une étrange lumière bleue. Sur la croisée grande ouverte, il l'aperçoit une fois encore : l'oiseau au plumage multicolore.

4

« La Madeleine, la Madelon, la Madelomphe »... Le nez collé à la vitre, Arthur chantonne en comptant les marronniers qui bordent le quai de la Madeleine. Leurs branches sont nues et la Meuse est gelée : grand miroir ébréché qui menace de se briser.

Malgré la grisaille de ce blafard dimanche de septembre, il fait assez clair : le nouveau logement est plus vaste que celui de la rue Bourbon. Pourtant, Arthur préférait l'autre. Fini, le cortège des ouvriers qui revenaient le soir, finie, l'odeur de choux dans les couloirs, finies, les disputes des voisins, finis, les jeux avec la petite d'à côté, la fille aux allures d'Indienne...

« Tu es prêt, Arthur ? »

C'est sa mère. Plus question de rêver. Il se traîne vers le buffet et prend sa Bible.

Frédéric attend devant la porte, vêtu comme lui de pied en cap : cheveux pommadés, pantalon de serge bleu marine (la couleur du dimanche, le reste de la semaine, on met du bleu ardoise), chemise blanche à col cassé, veston noir, souliers noirs vernis, chapeau melon, parapluie de coton bleu.

« Dis, Arthur, comment je suis ? » demande Vitalie, un large sourire aux lèvres.

Malgré sa mauvaise humeur, il répugne à gâcher la joie de sa sœur.

« Elle est très jolie, ta robe, le bleu te va bien. »

Et il jette un coup d'œil agacé sur Isabelle que sa mère habille : robe bleue, elle aussi. Cette obsession du bleu... Mme Rimbaud vérifie que rien ne traîne dans la pièce, puis ouvre la porte :

« Allons-y ! »

Les enfants se placent en silence. En avant, les deux petites qui se tiennent par la main, puis les garçons, épaules droites, menton redressé.

Ultime inspection sur le seuil de la porte :

« Vitalie, as-tu pris ton mouchoir blanc ? »

« Isabelle, tes doigts ! »

« Frédéric, le parapluie, on le porte toujours de la main droite ! »

« Arthur, ton chapeau ! »

Il attendait la remarque. Comme chaque dimanche. Comme chaque dimanche, il espérait y échapper. Mais non. Il lui faut mettre son chapeau rond, aussi rond qu'un potiron. D'un geste rageur, il se l'enfonce sur la tête.

« Pas comme ça voyons ! lui dit sa mère en le redressant. Tu n'y vois plus rien, tu vas te décoiffer ! »

Mme Rimbaud referme la porte derrière elle. Quatre petits bleus en avant, et la haute dame en noir qui ferme la marche : la procession commence.

On descend le quai de la Madeleine. Sans se presser. La messe n'a lieu que dans une heure et le trajet jusqu'à l'église est censé faire office de promenade dominicale. On tourne à droite : la place du marché, l'endroit qu'Arthur redoute le plus. Ça grouille. Ça fourmille. Et il faut circuler au milieu des étalages d'un pas régulier, en gardant la cadence, sous les regards ironiques, les railleries des gamins :

« V'là la tribu Rimbaud en uniforme de messe ! Pantalon bleu, chaussettes bleues, chapeau bleu, yeux bleus, v'là les frères Rimbleu qui passent ! »

Et il faut aussi supporter les remarques des ménagères, panier en main : « Vous avez vu la fille Cuif ? Elle peut s'vanter ! Se retrouver seule avec quatre gosses, y a pas d'quoi pavoiser, pardi ! »

Arthur se tourne vers sa mère : a-t-elle entendu ? Oui, bien sûr, mais son allure n'en est que plus fière.

Les bruits du marché s'estompent peu à peu. Le plus dur est passé. Il ne reste plus qu'à longer le Vieux Moulin, au bord de la Meuse. L'endroit est paisible. Dimanche ou pas, le Vieux Moulin se dresse au-

dessus du fleuve, triste, comme s'il regrettait de ne pas apercevoir son reflet dans l'eau.

L'église est en vue maintenant, le parvis noir de monde. Les bourgeois ont revêtu leur costume sombre et leurs femmes exhibent qui, une nouvelle blouse, qui, un nouvel enfant : le baptême sera pour bientôt.

« Pressez-vous ! ordonne Mme Rimbaud. Quand je vous dis qu'il faut être en avance si l'on veut avoir de bonnes places ! »

On s'écarte pour laisser passer... comment faut-il l'appeler, on ne sait pas trop, madame veuve Rimbaud ? Ex-madame Rimbaud ?... Bah ! S'il n'est pas convenable de ne plus avoir de mari, au moins, elle a fait des enfants, comme l'exige le bon Dieu, et puis elle est dévote, on ne peut pas dire le contraire. Les messieurs portent la main au chapeau pour la saluer, ces dames font un léger signe de tête.

La famille s'installe au quatrième rang à droite : c'est de là qu'on voit le mieux Monsieur le curé. D'abord Frédéric et Arthur, puis Mme Rimbaud, enfin les deux petites. Les autres fidèles prennent place, on papote quelques instants, puis tout le monde se lève : voici Monsieur le curé.

Arthur soupire. Il soupire pour ne pas crier, comme il en a envie chaque dimanche pendant la messe, comme il le fait lorsqu'il s'enferme dans les latrines. Il hait les dimanches, il hait la messe... Au-dessus de l'autel, il y a un tableau : l'apparition de Jésus à Marie.

Dans la pierre, une inscription est gravée : « Voici ce cœur qui a tant aimé les hommes. »

« Moi, je n'aime pas Dieu », se dit Arthur. Aussitôt, une bouffée de chaleur lui empourpre les joues : et si sa mère l'avait entendu penser ? Il se tourne vers elle : elle le regarde en effet, et d'un froncement de sourcils, lui intime d'être plus attentif au sermon. Se mordant les lèvres, il baisse les yeux. Frissonne. Il fait si froid dans l'église ! Il a horreur d'avoir froid ! Soudain, un rayon de soleil éclaire la nef. Ébloui, Arthur contemple le grand vitrail : le soleil joue là-haut, darde un rayon bleuté, s'en va, revient. Les unes après les autres, les vieilles couleurs se réveillent. Le bleu, le vert, le rouge se mêlent, si vifs qu'on croirait les voir danser. Le soleil, le feu, les couleurs... Pas besoin de fermer les yeux : les vieux vitraux dessinent un oiseau. C'est lui, encore une fois. Le voici, derrière la fenêtre, qui lui montre l'étendue du ciel. Va-t-il entrer dans l'église ? Vient-il le chercher pour fuir Charleville et l'école, Charleville et la messe, Charleville et l'ennui ?... On dirait que le vieux vitrail va voler en éclats. Un grand fracas fait trembler les murs de l'église.

« Eh bien, Arthur, qu'est-ce que tu attends ? » murmure Mme Rimbaud, l'œil noir.

Il regarde autour de lui, hagard. Le soleil a disparu. La grisaille a chassé les couleurs. Le grand fracas, ce n'était rien, rien que les fidèles qui se levaient. Il est temps d'aller communier.

Les quatre enfants se sont enfermés dans la chambre d'Arthur. À côté, la mère tricote des chaussettes bleues. Il ne faut pas faire de bruit. Tout est prêt pour le baptême. Vitalie et Isabelle sont à genoux au milieu de la pièce. Debout près d'elles, Frédéric tient une poupée dans ses bras. N'ayant rien trouvé d'autre pour se déguiser en curé, Arthur a revêtu la robe noire de sa mère. Il jette un coup d'œil satisfait sur ses frère et sœurs, sur la table où il a déposé une bassine d'eau et un pot de sucre dérobé à la hâte, faute de sel.

L'idée lui est venue de baptiser la poupée d'Isabelle après avoir terminé un livre. Sans lecture, la soirée eût été sinistre. Lire, étudier, il n'a que ça pour chasser l'ennui qui le dévore.

Tandis que les trois autres, pétrifiés, attendent ses instructions, il va chercher son cahier de latin, l'ouvre au hasard, puis commence à déambuler dans la pièce en déclamant :

« *Ver erat et morbo Romae languebat inerti Orbilius*[1]. »

Sa voix s'amplifie peu à peu, il laisse tomber son cahier, tend les bras dans un geste théâtral et fait plusieurs aller et retour sans cesser de déclamer :

« *Diri tacuerunt tela magistri. Plagarumque*[2]. »

Frédéric et les deux fillettes échangent un regard consterné.

« En quoi il parle ? demande la petite Isabelle.

1, 2. Extrait de *Vers de collège,* in *Arthur Rimbaud,* Éd. Laffont, 1992, p. 8-9.

— C'est pas la prière du baptême, ça, dit Vitalie.

— Mince alors ! S'il faut faire du latin le dimanche aussi », bougonne Frédéric.

Arthur ne les entend pas.

« On comprend rien de ce que tu racontes ! finit par lancer Frédéric. Le latin, moi, j'en fais bien assez au collège ! » Furieux, il flanque la poupée dans les bras de Vitalie et s'en va.

« Bon débarras ! s'écrie Arthur. Celui-là, dès qu'on parle autre chose que le patois, ça devient trop compliqué pour lui... Quoi ? Qu'est-ce qui ne va pas encore ? ajoute-t-il en voyant la mine déconfite des deux petites. Bon, d'accord ! Je vais traduire ! *"C'était le printemps et Orbilius souffrait à Rome d'une maladie qui l'empêchait de bouger*[1]..."

— Arthur ?

— Quoi encore ? Ce sont des vers que j'ai composés en classe. Évidemment, ils sont bien plus beaux en latin, mais...

— Et le baptême ? interrompt Vitalie en tendant la poupée.

— Le baptême ? ! Mais ça n'a aucun intérêt ce qu'on peut dire à un baptême !... Oh, et puis zut ! Le voilà, ton baptême, puisque tu y tiens tant ! »

En trois enjambées, il gagne le bureau, verse le pot de sucre sur la poupée, immerge celle-ci dans la bassine d'eau, puis récite à toute vitesse :

---

1. *Ibid.*

« Tu aimeras le Seigneur ton Dieu de tout ton cœur et de toute ton âme et de tout ton esprit, et ton prochain comme toi-même. Sors de cet enfant, esprit impur, et cède la place à l'Esprit Saint »... Là ! Et moi aussi je cède la place !

Sur ce, il sort la poupée de l'eau, asperge ses sœurs au passage, retire la robe noire puis, les cheveux en bataille, les joues rouges, il s'assoit à même le sol, recroquevillé au pied de son lit.

Isabelle regarde d'un air consterné sa poupée toute trempée et gluante de sucre. Vitalie, elle, s'empresse de ramasser la robe de sa mère et de la défroisser. Elle ne dit rien, mais elle est pâle, ses yeux sont embués de larmes. Cela n'échappe pas à Arthur.

« Vitalie ?
— Oui ?
— Je ne voulais pas te faire du chagrin.
— Ça ne fait rien, ce n'est pas grave. J'espère seulement que le bon Dieu ne nous punira pas. »

Arthur se mord les lèvres : Dieu ne les voit pas. Dieu ne les aime pas... Il demeure silencieux un moment, puis soudain, son regard s'illumine.

« J'ai une idée ! » s'écrie-t-il en bondissant sur ses pieds.

Il prend la main de Vitalie, celle d'Isabelle qui abandonne sans regret sa poupée amochée.

« Je suis magicien ! » déclare-t-il d'une voix solennelle.

Les petites ouvrent de grands yeux ronds.

« Je suis magicien et je vais vous montrer comment le devenir. C'est très simple. Serrez bien vos poings... Comme ça ! »

Montrant ses deux poings bien fermés, il invite les deux fillettes à l'imiter.

« Bien ! Maintenant, fermez les yeux et frottez vos paupières avec vos poings ! Dans quelques secondes, vous allez voir des tas de couleurs, ça va être magnifique. Allez ! Frottez ! Frottez !... Ça y est ? Vous les voyez ? »

Tandis que les deux sœurs se frottent les paupières avec énergie, la petite Isabelle, les yeux rouges, s'exclame :

« Ça fait mal ! J'en ai assez, moi ! Ils sont pas drôles les jeux d'Arthur ! » Et elle quitte la pièce.

Les autres ne l'ont pas entendue. Vitalie s'immobilise, émerveillée.

« Arthur, c'est vrai, les couleurs, je les vois, le bleu, le rouge...

— Le vert », enchaîne Arthur.

Les enfants cessent de se frotter les yeux... Les couleurs ont pris forme. Elles dansent entre les plis de la robe noire étalée sur le lit : c'est l'oiseau, l'oiseau au plumage multicolore.

Effrayée, Vitalie recule de quelques pas. Arthur, lui, ne bouge pas, mais ses lèvres tremblent, comme s'il s'efforçait d'articuler un son sans y parvenir.

« Baou... Baou... »

L'oiseau, semble-t-il, n'attendait que cet appel pour

se poser sur son épaule. Vitalie, terrorisée, recule jusqu'à la porte. Une étrange lumière baigne la pièce, une lumière bleue... Bleue comme les yeux d'Arthur. Bleue comme le plumage de l'oiseau.

« Le soleil, les couleurs, le feu, murmure Arthur. Baou, le Voleur de Feu ! »

Un coup de vent subit ouvre la fenêtre et l'oiseau s'envole. Immobile, glacé par l'air froid qui le frappe au visage, Arthur frissonne.

« Qu'est-ce que c'était ? » demande Vitalie.

Pas de réponse.

La petite ferme la fenêtre, puis répète :

« Qu'est-ce que c'était ?

— Je ne sais pas.

— Si ! Tu le sais ! Tu as parlé à ce... cette chose qui ressemble à un oiseau.

— Fiche-moi la paix ! Fous le camp ! »

Vitalie regarde son frère : il s'est jeté sur son lit, a enfoui sa tête sous l'oreiller. Puis elle s'en va en marmonnant :

« C'est mal tout ça. Cette apparition, c'est mal. C'est à cause du baptême tout à l'heure, parce que tu as imité M. le curé. C'est le bon Dieu qui nous punit. »

Tout le monde dort. Arthur, lui, s'est enfermé dans les latrines. C'est son endroit. Il y passe des heures entières. Grelottant l'hiver, profitant de la chaleur l'été. Là, il pense, rêve, écrit. Ou alors il ne fait rien,

rien que feuilleter des journaux illustrés. Il tourne les pages à la lueur d'une bougie et ses yeux émerveillés voient défiler des forêts, des soleils, des rives, des savanes. Et puis il rêve de prairies, de la mer, de sa houle lumineuse, de ses parfums secrets sous un lourd ciel ocreux.

Mais ce soir, il n'a pas ouvert ses journaux. Il est juste accroupi, pelotonné derrière la porte du petit endroit. La Meuse n'est pas loin. Il entend par instants les remous de la rivière et il n'a qu'une envie, c'est que le vent l'emporte lui aussi, sur l'eau, comme une voile.

Il est là depuis une heure, dans le froid et l'humidité du soir. Il lève enfin le nez vers le ciel sans étoiles : l'oiseau s'est posé sur le petit muret.

L'oiseau, l'eau, le vent, la voile...

Partir. Voilà ce qu'il voudrait.

5

Un chahut inhabituel perturbe la classe de quatrième. Encouragé par ses camarades, Coudard, un grand gaillard dégingandé aux cheveux filasses, est en train de griffonner sur le tableau noir : « Le père Bos a une b... » Il s'arrête et demande en se grattant la tête :

« Hé ! Comment ça s'écrit une "bosse" ? »

Les réponses fusent de partout, entrecoupées de rires :

« Avec un c !

— Non, sc !

— Mais non, avec trois s !

— Attendez, reprend Coudard, on va demander au

p'tit génie de la classe. Rimbaud ! Comment t'écris "bosse" ?

— Deux s, e », répond Arthur sans lever le nez de son livre.

Coudard achève sa phrase : « Le père Bos a une bosse sur le front, en a-t-il une sur le c... ? »

Délire dans la classe, les gamins applaudissent, tapent des pieds, s'étranglent presque à force de rire, tandis que Coudard pavoise sur l'estrade.

« Hé ! Vingt-deux, le v'là ! » dit un élève en entrant en trombe. Coudard descend à toute vitesse de l'estrade, et avant de regagner sa place au fond de la salle, lance à Arthur, assis au premier rang, juste devant le bureau du professeur :

« T'as pas intérêt à moucharder, Rimbaud, sinon... »

Ernest Delahaye, l'inséparable camarade d'Arthur, prend aussitôt sa défense :

« Arthur n'est pas un rapporteur, tu le sais très bien.

— P't'être bien, mais ma règle à moi, c'est qu'il faut toujours se méfier du premier de la classe.

— T'es bien content de le trouver, le premier de la classe, quand tu sèches sur ta version latine, non ? »

À peine Coudard s'est-il assis que la porte s'ouvre. M. Pérette, le professeur de lettres, vieillard bedonnant mais alerte, s'arrête sur le seuil et jette un rapide regard sur les rangs. Puis il monte sur l'estrade et, craie en main, se tourne vers le tableau.

Quelques gloussements se font entendre. Interloqué, Pérette promène un regard furieux sur ses élèves.

« Qui a écrit *cela ?* »

Silence total. Les ricanements se sont tus. Pas un grincement de chaise. Pas un raclement de gorge.

Pérette efface la phrase sur le tableau, à l'exception du « c... » qui la conclut. Il remplace les points de suspension par des lettres capitales : O, U, D, A, R, D, et termine par un grand point d'interrogation.

« Alors ? demande-t-il en haussant le ton. Il s'agit bien de Coudard, n'est-ce pas ? »

Il pose son regard sur l'intéressé puis sur chacun des élèves, un à un. Tous gardent les yeux baissés.

« Rimbaud !
— Oui, monsieur !
— Pourriez-vous répondre à la question ?
— Quelle question, monsieur ?
— Est-ce bien Coudard qui a écrit cette ignominie sur le tableau ? »

Arthur se tient debout, les mains le long du corps, les pieds joints. Attitude irréprochable.

« Je ne sais pas, monsieur, répond-il d'une voix calme.
— Vous êtes le seul élève à peu près sensé de cette classe. Je vous prie de répondre !
— Croyez, monsieur, que si j'étais en mesure de le faire, je vous répondrais. Mais je ne connais pas l'auteur de cette inscription. »

Il fixe le vieux maître de son regard bleu, sans ciller. Après quelques brèves secondes d'hésitation, le maître donne un grand coup sur le bureau. Trop intelligent, trop poli, trop érudit, cet élève modèle a le don de l'exaspérer... Et pour un peu, c'est lui qui baisserait les yeux devant l'adolescent.

« Vous savez que si vous ne répondez pas, toute la classe sera consignée, vous y compris ?

— Oui, monsieur.

— Et madame votre mère ? Verra-t-elle d'un bon œil cette consigne ? »

Arthur rougit. Le vieux renard a marqué un point. Sa mère... Il déteste qu'on lui parle de sa mère.

« Peu importe la punition, monsieur, marmonne-t-il.

— Bien ! Rasseyez-vous ! La classe sera donc consignée samedi matin de huit heures à douze heures... À présent, passons à la correction de vos rédactions. Coudard ! Venez chercher votre torchon ! »

Le garçon se lève et se traîne vers l'estrade, la mine embarrassée.

« Vous avez 1, pour l'encre et le papier. Pour écrire des inepties sur le tableau, vous êtes inspiré ! Mais pour le reste... Distribuez les copies à vos camarades ! Attendez ! Laissez-moi celle-ci ! » ajoute Pérette en posant devant lui la dernière copie.

La distribution des copies se fait dans le silence. Puis quelques chuchotements parcourent les rangs :

« T'as eu combien, toi ?

— 9 ! Et toi ?

— 5 ! Quelle peau de vache ! Moi qui pensais avoir la moyenne.

— Comme vous pouvez vous en rendre compte, messieurs, reprend Pérette, vos résultats sont mauvais. Cinq d'entre vous seulement ont des notes au-dessus de la moyenne. Pour les autres, syntaxe nulle, orthographe inexistante : un désastre, messieurs. Quant au style, inutile d'en parler. Personne n'en a l'ombre d'un soupçon... excepté Rimbaud, naturellement. »

Il pose cette fois un regard admiratif sur le jeune garçon.

« Votre composition est tout simplement exceptionnelle. Il subsiste encore quelques maladresses, mais l'ensemble a, comment dire... du souffle. C'en est même étonnant. »

Arthur ne bronche pas. Le compliment n'a aucun effet sur lui. Mais il sourit. Et de nouveau, le vieux maître sent l'irritation le gagner. Ce sourire dissimule quelque chose. Quelque chose qui l'insupporte...

« Messieurs, poursuit Pérette, j'aimerais que vous preniez exemple sur votre camarade. Je vais vous lire quelques passages de sa copie, afin que vous puissiez saisir ce que l'on nomme une belle tournure de phrase... »

Il s'éclaircit la voix et enchaîne :

« Le vent rafraîchissant, c'est-à-dire une brise fraîche, agitait les feuilles des arbres avec un bruissement à peu près semblable à celui que faisait le bruit des eaux argen-

tées du ruisseau qui coulait à mes pieds. Les fougères[1]... »

Sous son pupitre, Arthur serre les poings. Quel supplice de se voir cité en exemple, quand on n'a qu'une envie : crier. Crier, et puis fuir. Il lance un regard vers la porte : non, jamais il n'osera claquer cette maudite porte. Sur la fenêtre alors... Et son cri, muet, sourd, trouve un écho immédiat : l'oiseau. Il est là. Baou. Immobile, lumineux, il lui montre le chemin à suivre.

« Qu'y a-t-il, Rimbaud ? Vous ne vous sentez pas bien ? Vous êtes cramoisi ! » s'écrie Pérette, interrompant sa lecture.

Le regard rivé sur la fenêtre, Arthur ne bronche pas.

« Je garde votre copie, conclut M. Pérette, en haussant les épaules. J'ai décidé, en accord avec M. le proviseur, de la faire circuler dans l'établissement... Passons au latin, à présent. »

Remue-ménage sur les pupitres. On range les copies, et bien à contrecœur, on ouvre les livres de latin.

« Voyons un peu vos capacités en thème. Armandisse ! Votre traduction ! »

L'élève interpellé se lève et commence à ânonner :

« *Tu regere imperia...*

— Deux fautes en trois mots, inutile de poursuivre ! Essayons votre voisin !

---

1. Extrait de *Prologue, Cahier des dix ans,* in *Rimbaud, Poésies,* Éd. G. F., 1989, p. 39.

— Je... Voilà, monsieur, je n'ai pas pu faire ma traduction parce que... euh... hier, ma mère était malade.

— Tous mes vœux de rétablissement à Mme votre mère. J'espère seulement que quelqu'un pourra veiller sur elle samedi, car je vous consigne une heure de plus. Suivant !

— *Tu regere imperio populos, Romane mementis...*

— Pour une fois, mon pauvre Ménard, le début était bon, mais votre "mementis" me fait trembler pour la suite... Décidément, quel désastre, messieurs, je ne vous félicite pas ! »

La tête baissée, tassés sur leurs bancs, les garçons de la rangée à laquelle s'est attaqué le professeur tremblent en attendant leur tour.

« Nous n'avons plus le temps de nous attarder, conclut Pérette en jetant un coup d'œil sur la pendule. Finissons-en ! Rimbaud, je vous écoute ! »

Arthur se lève et, sans un regard sur ses notes, récite d'une voix claire :

« *Tu regere imperio populos, Romane memento. Hac tibi erunt artes pacisque...* »

Un sourire béat aux lèvres, le professeur scande les vers de la main : syntaxe, vocabulaire, rythme, tout est parfait, digne de Virgile lui-même.

« *...imponere morem parcere subjectis et...*

Arthur marque un temps d'arrêt, puis poursuit en détachant bien chaque syllabe :

« *degueulare superbos.*[1] »

Toutes les têtes se lèvent en même temps. Rimbaud, l'enfant sage, Rimbaud, le prodige ! Il a osé ?... Pérette lui-même, médusé, demeure immobile, comme s'il doutait d'avoir bien entendu.

« Je vois, finit-il par dire en s'efforçant de garder son calme, que l'influence de Coudard est contagieuse. Écoutez-moi bien, *monsieur* Rimbaud, vous êtes très brillant, vous êtes sans nul doute le meilleur élève de cet établissement, vous avez beaucoup de mérite, mais je vous le dis, vous finirez mal, Rimbaud, très mal ! »

La cloche sonne. C'est la récréation. On abandonne les pupitres pour se presser vers la sortie.

Seul dans un coin de la cour, Arthur regarde obstinément le rebord de la fenêtre où l'oiseau lui est apparu tout à l'heure. Peine perdue : il n'est plus là. La façade du séminaire, mitoyen avec le collège, se dresse, grise et délabrée. Les mains dans les poches, le jeune garçon appuie son front contre le tronc d'un arbre. Encore petit pour ses douze ans, avec ses cheveux blonds bien peignés, son teint rosé, ses grands yeux bleus, sa mine boudeuse, on dirait une jeune fille.

« Qu'est-ce qu'il y a ? » demande Delahaye en le prenant par le bras.

D'un geste brusque, Arthur se dégage.

---

1. La transformation de « debellare superbos » en « degueulare superbos » est rapportée par Ernest Delahaye dans *Témoin de Rimbaud*.

le collège de Charleville

Arthur seul dans un coin de la cour

« Il y a que j'en ai assez. Il y a que je m'ennuie. Il y a que ma mère refuse de me donner le moindre sou pour m'acheter un livre. Voilà ce qu'il y a ! »

Surpris, Delahaye fait un pas en arrière.

« Et les livres que tu as empruntés à la bibliothèque du collège ?

— Terminés !

— Ceux de la liste de Pérette ?

— Lus, finis, avalés ! Je n'ai plus rien ! J'ai bien repéré deux volumes chez Jolly... Mais ils ne veulent pas me faire crédit ! »

Il donne un violent coup de pied dans un tas de cailloux.

« Ce vieux rat de Jolly. Il compte ses livres comme Harpagon ses écus ! Je finirai par le voler ! »

Plantant là son camarade, il court rejoindre Frédéric qui lui a fait signe à l'autre bout de la cour. Les deux frères ne sont plus dans la même classe. L'aîné a à présent deux ans de retard sur son cadet.

« Qu'est-ce qui t'arrive encore ? demande Arthur en voyant la mine défaite de son frère. Un zéro, c'est ça ?

— Non, c'est pas ça, mais je sèche sur ma version grecque. Je dois la rendre demain. Tu pourras me donner un coup de main ce soir ?

— Non, pas ce soir, tout de suite ! Ça tombe bien, j'ai une heure de maths maintenant, je vais la faire pendant le cours. Donne-moi ton texte, je te rends ça dans une heure. »

Sans se faire prier, Frédéric tend son livre. Puis, comme la cloche sonne, chacun regagne sa salle de classe respective.

Installé cette fois au dernier rang, Arthur se met au travail dès que le professeur d'algèbre commence son cours. Une bonne demi-heure se passe. Arthur lève de temps en temps la tête vers le tableau noir, faisant mine de suivre avec intérêt les interminables successions d'équations.

Un jeune séminariste est assis à ses côtés. Il est fréquent que les pensionnaires du séminaire suivent quelques cours au collège. Depuis un moment déjà, le jeune garçon jette des regards agacés sur Arthur et manifeste son énervement : soupirs, gestes saccadés, coups de coude discrets...

« On ne fait pas du grec pendant un cours de mathématiques, finit-il par lancer.

— Qu'est-ce que ça peut te faire ? répond Arthur sans même lever le nez.

— Ça me gêne.

— Eh bien ! Change de place !

— C'est ce que je vais faire. »

Il se lève aussitôt.

« Que voulez-vous, De Fermilland ? demande le professeur.

— J'aimerais changer de place, monsieur. »

M. Barbusse lève les yeux au ciel.

« Vous aviez tout loisir de choisir votre place avant le cours, me semble-t-il.

— Oui, monsieur, mais avant le cours, je ne savais pas que mon voisin ferait du grec. »

Un murmure de réprobation parcourt la salle. Les séminaristes ne sont guère appréciés des élèves du collège, et les bagarres entre les deux clans ne sont pas rares.

Les rangs s'agitent. Les remarques fusent :

« Ces séminaristes, quelle bande de faux-jetons !
— Tous des mouchards ! »

Le professeur réclame le silence puis, tranquillement, un large sourire aux lèvres, il se dirige vers Arthur.

« Ah ! Notre cher Rimbaud fait du grec aujourd'hui ! Fort bien, cela varie un peu les plaisirs ! La semaine dernière, c'était de la poésie... Vous vous estimez bien trop intelligent pour condescendre à faire des mathématiques, n'est-ce pas ? Mais vos premiers prix en lettres ne m'impressionnent guère. Pour moi, vous êtes à la traîne. Il n'y a pas que la littérature dans la vie, mon petit monsieur... Rangez-moi ça ! Et si cela se reproduit, j'en aviserai M. le proviseur. »

La cloche ayant sonné, le professeur quitte la salle, tandis que les élèves rangent leurs affaires en silence, sans se presser, pour une fois.

Arthur n'a rien répliqué aux paroles de Barbusse. L'idée ne lui en est même pas venue. Peu lui importe ce qu'on pense de lui. Peu lui importe ce qu'on dit de lui. Toujours assis, il fixe son voisin qui, sans manifester aucune gêne, rassemble ses livres. Il porte une soutane, noire. Une soutane qui l'allonge, alors qu'il est petit. Il a le visage rougeaud et gras. La sueur a maculé son col blanc de traînées grisâtres. Ses souliers à cordons noirs dépassent de son habit, des souliers qui fermentent, qui sentent un peu, comme ceux de « l'autre », le dimanche...

Arthur se lève enfin et ouvre son sac.

« Et ta cithare, poète ? marmonne le séminariste d'un air moqueur. Ta lyre ? Il ne faut pas l'oublier ! »

Cette fois, c'en est trop. Exaspéré, Arthur lui lance son dictionnaire de grec à la figure. Le séminariste porte la main à sa tempe où un mince filet de sang commence à perler. Affolé, il jette un coup d'œil sur la porte : Coudard vient de la fermer à clef.

« Parce que tu crois, dit ce dernier en s'approchant, que tu vas encore aller moucharder ? Si les curés aiment les mouchards, nous, ils nous débecquettent. »

Il reste encore une dizaine d'élèves dans la salle. Rapidement, ils font cercle autour des deux garçons.

« On t'a pas appris, au catéchisme, qu'y faut tendre l'autre joue ?

— Qu'y faut demander pardon pour ses fautes ?

— Allez, Rimbaud ! Mets-lui une bonne raclée !

— Oui, vas-y ! Y en a assez de ces séminaristes ! On va leur apprendre un peu !

— Allez, Rimbaud ! Te dégonfle pas, vas-y ! »

Petit à petit, le cercle se resserre autour des deux adversaires. Arthur, le regard sombre, fixe, la poitrine oppressée, demeure immobile. Coudard s'interpose alors et, retroussant ses manches, déclare :

« Attends ! C'est moi qui vais lui régler son compte ! »

Il n'a pas eu le temps de terminer sa phrase. Arthur l'a repoussé violemment et a saisi le jeune séminariste à la gorge. L'autre tente de lui tirer les cheveux pour lui faire lâcher prise, mais Arthur serre, serre de plus en plus. Ses camarades, déchaînés, hurlent pour l'encourager.

« C'est ça, vas-y ! Tords-lui le cou ! »

D'un violent coup de pied, le séminariste déstabilise Arthur et tous deux roulent à terre. Allongé sur son adversaire, aveuglé par la rage, Arthur lui martèle le visage de coups de poing. L'autre parvient à se dégager en roulant sur le côté. Sa soutane s'est relevée, découvrant une chair blanche et flasque. Alors, soudain, le souvenir jaillit, fulgurant... La fille aux allures d'Indienne... Les guenilles relevées sur la chair rose... Il lui mordait les fesses... Sans plus résister à l'instinct qui le pousse, il mord de nouveau. Applaudi par ses camarades en délire, il mord et mord encore, de toutes ses forces, jusqu'à avoir un goût de sang dans la bouche. Il n'entend pas, il n'entend plus les cris du garçon qui le supplie de cesser. La tête lui tourne...

Enfin, une poigne vigoureuse l'arrache à sa victime.

« Arrête, Arthur ! Ça suffit, bon sang ! T'es devenu fou ou quoi ? »

C'est Frédéric. Affolé, Delahaye l'a appelé à la rescousse. Tandis que son frère et son ami tentent de le maîtriser, Arthur, haletant, l'œil hagard, continue de donner à l'aveuglette des coups de pied et des coups de poing.

« Tu vas arrêter à la fin ? crie Frédéric. La mère est là, en bas, elle nous attend ! »

La mère... Brusquement calmé, Arthur lève sur son frère un regard hébété. Puis il se précipite vers la fenêtre : comme chaque soir, à l'heure de la sortie, Mme Rimbaud fait les cent pas devant la porte du collège, sur la place du Saint-Sépulcre. Droite, dans sa robe noire, noire comme une soutane...

D'un geste nerveux, Arthur tente vainement de lisser ses cheveux emmêlés. Il essaie de remettre de l'ordre dans ses vêtements, mais son pantalon est déchiré, sa chemise n'a plus de boutons. À quoi bon ?... Il saisit son sac, met son béret et, sans dire un mot, suit son frère. Le voilà sage de nouveau. Il est redevenu le petit Rimbaud, l'enfant modèle. En passant devant les autres, il baisse les yeux.

Ils ne doivent pas voir ses larmes.

6

Il s'est enfermé dans les latrines. Sa mère l'a puni. Un quignon de pain fera son dîner et pendant trois jours, ses frère et sœurs n'auront pas le droit de lui parler. Désormais, il devra garder son pantalon déchiré pour aller au collège. Ça lui rappellera sa faute, sa très grave faute. La violence est un péché.

Debout au centre de la pièce, les mains derrière le dos, la tête baissée, il n'a pas bronché lorsque sa mère l'a giflé. Il n'a rien répliqué lorsqu'elle a hurlé :

« Sais-tu ce que m'a dit le proviseur, M. Desdouets ?... *"Rien de banal ne germe dans la tête de votre fils. Ce sera le génie du bien ou celui du mal[1]"*... Mais

---

1. Propos rapporté par E. Delahaye dans *Témoin de Rimbaud*.

je ne te laisserai pas sortir du droit chemin, m'entends-tu ? »

Puis elle s'est calmée. Et ça a été pire. D'une voix presque douce, la main posée sur son épaule, elle lui a dit :

« Tous mes espoirs sont en toi. Tu auras des diplômes, tu auras une situation, la société te respectera, tu feras ta place. »

Des diplômes... La société... Une place... Recroquevillé derrière la porte des latrines, il se bouche les oreilles et répète en se balançant d'avant en arrière, comme un idiot :

« Je ne veux pas de place ! Je ne veux plus travailler ! Je serai rentier ! »

Il sort de sa poche son cahier de brouillon et, tremblant de rage, déchire toutes les pages, les ébauches de poésie, les vers latins. Puis il soulève la dalle sous laquelle sont cachés ses journaux illustrés. Tandis qu'il en tourne les pages à toute vitesse, les prairies, les savanes, les forêts qui l'ont tant fait rêver dansent sous ses yeux. Alors, une à une, il arrache les pages. Il les réduit en morceaux. Il les jette. Il veut tirer la chasse sur ses rêves. Une bonne fois pour toutes.

Mais sans rêves, sans poésie, sans lecture, sans images, il n'est plus rien.

« Baou... Baou... »

Le même cri toujours, qui lui déchire la poitrine.

Les joues en feu, il se frotte la tête pour se débarrasser de l'eau sucrée qui lisse sa chevelure. Il en a assez d'être propre, bien peigné. Avec sa mèche qui lui tombe sur les yeux, il voit mieux... oui, il voit l'oiseau. Baou a répondu à son appel. Il est posé sur le petit muret. Aussitôt, le flot de paroles qu'il contenait, tout ce qu'il n'osait dire au collège, à sa mère, il le crie, le hurle :

« Je n'aime plus l'étude ! Je ne veux plus user mes culottes sur les bancs de l'école ! Je hais le grec et le latin ! Je ne veux pas être reçu, je ne veux pas être premier, je ne veux pas de place ! Je serai rentier !... Les examens, c'est pour gagner sa place de décrotteur ! Ou de porcher, ou de bouvier ! Et avec ça, on reçoit des soufflets pour toute récompense !... »

L'oiseau lui a coupé la parole en s'envolant. Si seulement il avait des ailes, lui aussi... Il les a. Il peut fuir. Il suffit de le vouloir.

Quittant les latrines sur la pointe des pieds, il va écouter à la porte de la grande pièce : la mère est en train de faire travailler Frédéric. Puisqu'elle le croit consigné dans sa chambre, elle ne se rendra compte de rien. Alors vite ! Il file par la porte de derrière.

En cette fin avril, le printemps est bien frileux, mais les journées s'allongent. Dans le ciel encore très clair, Arthur, le nez au vent, aperçoit l'oiseau qui trace sa route. Il descend le quai de la Madeleine. Derrière les fenêtres des maisons bourgeoises, un coin de rideau se soulève, un profil curieux se dessine : que fait donc le petit Rimbaud dans cette tenue incongrue, à courir seul par les rues ?... Le voici sur la place du Saint-

Sépulcre. À cette heure, les grilles du collège sont fermées, les internes travaillent à l'étude. Les marronniers paraissent plus décharnés encore dans la cour déserte : pas le moindre bourgeon sur les branches. Arthur passe la tête entre les barreaux de la grille et tire la langue de toutes ses forces. Si seulement sa langue pouvait se rallonger et arriver jusque sous les fenêtres du séminaire, devant ces messieurs noirs en soutane...

Il s'éloigne de la grille et scrute le ciel : là-haut, l'oiseau n'est plus qu'un tout petit point. Il doit se hâter. Il longe les établissements de tannerie : le vent porte l'odeur âcre de la peau, du cuir, les parfums de teinture. Ça sent bon. Il fait frais, humide : la Meuse est là, tout près... Et soudain, il s'arrête.

Posé sur le rebord de la barque du tanneur, amarrée au quai, l'oiseau est là. Arthur saute à pieds joints, manque de faire chavirer la barque... Il éclate de rire, puis s'allonge sur le ventre, ses bras en croix trempant dans l'eau. Il s'applique, pendant quelques minutes, à ne plus faire le moindre mouvement. L'eau affolée se calme peu à peu, les rides que le remous a fait apparaître à la surface s'effacent, et bientôt, la rivière se fait tout à fait lisse. Quelques brins d'herbe, une fleur fanée, un nénuphar flottent de-ci de-là. Arthur ramasse en souriant un trèfle à quatre feuilles. Il se regarde dans l'eau et aussitôt, fait la grimace : sourire ne lui va pas. Et puis il tire la langue une nouvelle fois. Tandis qu'il s'applique à essayer diverses mimiques, l'eau plane lui renvoie l'image de l'oiseau, posé sur son épaule. Doucement, il se retourne et, allongé sur le dos, contemple le ciel.

Le jour commence à décliner. Une étrange luminosité déchire la voûte céleste en deux : d'un côté, le soleil se couche, dardant ses derniers rayons dans une lumière ocre et rose, de l'autre, d'énormes nuages noirs avancent, annonçant une nuit orageuse. L'oiseau quitte l'épaule d'Arthur et va piquer du bec quelques gouttes d'eau. L'enfant le rejoint, plonge ses mains dans l'eau et s'asperge le visage. La rivière se trouble et s'agite.

« On dirait des vagues », murmure Arthur.

Puis il se redresse et sort de sa poche un bout de papier qu'il plie. Il en fait un petit bateau qu'il lâche sur l'eau. Un coup de vent l'éloigne de la barque. Le bateau de papier tangue, danse, poursuit sa course. Sans le quitter des yeux, Arthur chuchote :

« Raconte-moi la mer, Baou ! »

Silence total. La Meuse est si calme... Au loin, la ville semble morte. L'obscurité tombe peu à peu. Immobile, Arthur fixe le bateau de papier, petite tache blanche qui apparaît par instants, flottant dans la pénombre. Il s'essuie la joue du revers de la main : une goutte d'eau tombée du ciel... Une larme... Puis il se cramponne à la barque qui tangue brusquement sous l'effet d'un vent violent.

Est-ce l'oiseau qui l'a fait se lever ?... Il n'a pas bougé. Il agrippe de ses serres le bois humide. Un terrible coup de tonnerre retentit, une succession d'éclairs zèbre le ciel en longs filaments violets et bientôt, une pluie torrentielle s'abat sur la rivière dont les eaux se creusent et tourbillonnent. Gigantesque entonnoir prêt à engloutir la barque...

Debout, aveuglé par les trombes d'eau, Arthur croit danser sur les flots. Cette tempête soudaine, est-ce encore un artifice de l'oiseau ? Et tout autour de lui, dans l'ombre illuminée d'éclairs, ces visions, ces créatures, est-ce Baou qui les fait surgir ?... Il voit... « *des lunules électriques, des hippocampes noirs, des poissons d'or, des poissons chantants, des morves d'azur* »... « *Le Poème de la Mer*[1]... »

Il ne veut pas s'accrocher au rebord de la barque. Ballotté par le remous, il tombe, se relève en titubant. Il voudrait se jeter à l'eau. Il voudrait que les flots en folie l'emportent lui aussi.

« "*Ô que ma quille éclate ! Ô que j'aille à la mer*[2] *!*" »

Il a hurlé. Sa voix a jailli, moitié sanglot, moitié rire... Puis le vent se calme. Brusquement, comme il s'était levé. Les éclairs se raréfient Plus de trombes d'eau. Rien qu'une bruine pénétrante, le crachin des printemps de Charleville.

Épuisé, Arthur se laisse tomber sur le bord de la barque. Il regarde la grande flaque qui stagne au fond, et y plonge ses godillots. Floc... Floc... Seul ce bruit

---

1, 2. Le *Bateau ivre,* in *Arthur Rimbaud, Poésies,* Éd. G. F., 1989, p. 184.

trouble le silence de la nuit. Il scrute l'eau froide et noire qui l'entoure, demeure accroupi, plein de tristesses.

L'oiseau s'est envolé, mais lui, il n'a pas envie de rentrer. Alors il se lève et court de nouveau.

Au-dessus de lui, dans le ciel noir, le petit point multicolore jette ses feux comme une étoile. Baou. Son étoile filante à lui...

Il court de plus en plus vite, la pluie redouble, ses vêtements sont trempés. Pourtant, il n'a pas froid. Il traverse Charleville, volets clos, rues désertes, portes barricadées, et prend la direction de Mézières. Il passe le pont de pierres, puis Saint-Julien. À l'orée des fortifications, le bois apparaît bientôt, celui qu'on nomme « le Bois d'Amour ». Arthur hésite : il n'y a jamais pénétré en pleine nuit. Ses chaussures s'enfoncent dans la terre mouillée, la boue s'accroche à son pantalon. Un bruit le fait sursauter. Furtif, amplifié par un écho, il se meurt comme une plainte : les bruits de la nuit, les créatures de la forêt.

Il suit une allée, tourne à droite et la vieille masure en ruine se dresse dans l'obscurité : la cabane de jardinier. C'est son refuge, celui qu'il partage en secret avec son ami Delahaye. Il pousse la porte, entre, se dirige à tâtons vers une lampe à pétrole qu'il allume. Sur une table s'entassent des livres, des journaux illustrés, des cahiers, des feuillets noircis de son écriture. Ce soir, il ne lira rien, il n'écrira pas une ligne. Ce soir, il a vu la mer...

Il se laisse tomber sur la paillasse. Bercé par le crépitement de la pluie, il ferme les yeux. Un souffle caresse sa joue. Ses vêtements sont secs et chauds. Le sommeil le gagne... C'est l'oiseau. Il est là, posé près de sa tête.

Comme la première fois.

Il se réveille en sursaut. Combien de temps a-t-il dormi ? Il n'en a pas la moindre idée. Il a fait un rêve. Qu'est-ce que c'était ? Sa bouche est sèche, ses yeux le piquent, comme s'il avait été aveuglé. C'est que, dans son rêve, il a vu des lettres de feu qui inscrivaient : « *Tu vates eris... Tu seras poète*[1]. » Où est l'oiseau ? Le Voleur de Feu ? Le faiseur de rêves ? La cabane est vide. Il est seul.

Il se lève et ouvre la porte : la pluie a cessé, la nuit doit être très avancée, il lui faut rentrer. Mais tout se brouille dans sa tête : les paroles de sa mère, les lettres de feu : « Tu auras une place... Tu seras poète. »

Il se balance d'un pied sur l'autre, ne se décide pas à partir.

« Poète ? Ou rentier ? » demande-t-il à la nuit.

Il s'accroupit, fixe l'herbe mouillée à ses pieds, arrache des brindilles.

« Poète ? Rentier ?... Rentier ? Poète ? »

Le dernier brin d'herbe arraché donnera la réponse à sa question. Voilà.

---

1. *Vers de Collège,* in *Arthur Rimbaud,* Éd. Laffont, 1992, p. 11.

Mais la brindille, trempée par la pluie, se casse en deux entre ses doigts. Et la question reste sans réponse.

Alors il s'enfonce dans l'obscurité en criant à qui voudra l'entendre :

« Je serai voyou ! »

7

Vitalie s'est installée à la table du salon, près de la fenêtre. Les cheveux lissés en bandeaux sur les oreilles, le teint pâle, la mine sérieuse, impeccablement mise, elle ressemble à sa mère. Elle lui ressemble, car à douze ans et demi, elle paraît déjà vieille... Pourtant, elle n'a pas ses yeux bleus. Le regard clair, seuls Arthur et Isabelle en ont hérité.

Elle caresse la feuille de papier blanche posée devant elle, s'accoude sur la table, nonchalante, puis se redresse vivement. Depuis qu'elle souffre de la poitrine, elle a tendance à se tenir voûtée. Ce n'est pas bien. Elle jette un coup d'œil sur sa mère qui coud, à l'autre bout de la pièce, puis elle poursuit la rédaction de son journal :

« 5 février 1870
J'ai compté les marronniers sous les Allées : il y en a cent onze, alors qu'autour de la promenade de la Gare, il n'y en a que soixante-treize[1]*... »*

Elle mordille le manche de sa plume, lance un nouveau regard sur sa mère : pourquoi l'a-t-elle retirée du pensionnat du Saint-Sépulcre ? Mme de Sainte-Cécile était une femme si douce, alors qu'elle... Et puis, là-bas, on lui apprenait le chant.

« Le chant, moitié de ma vie, le seul plaisir que je goûte au monde[2]*... »*

Elle fixe le mot « chant ». Tellement fort que les yeux lui piquent, que les larmes menacent. On n'apprend pas le chant à Charleville. Personne ne chante à Charleville, à part les oiseaux, lorsqu'il y en a... Si seulement elle osait dire à sa mère qu'elle a en assez d'apprendre les travaux de couture, qu'elle se moque bien de savoir repriser la soie ou broder une mante...

1, 2. Extraits du *Journal de Vitalie,* in *Arthur Rimbaud,* Éd. Laffont, 1992, p. 391.

« Que d'occupations mesquines et pénibles. Je n'arrive pas à vaincre mon ennui[1]. »

L'irritation l'a fait tousser et Mme Rimbaud s'est retournée. La jeune fille lui sourit. Baisse les yeux. Jamais elle n'osera se rebeller... Après tout, sa mère a sans doute raison : une femme doit savoir tenir sa maison et sa plus grande qualité est de se taire. Deux ans pour son éducation, ça suffit bien...

Combien sa sœur Isabelle lui manque ! Depuis qu'elle est entrée au pensionnat, elles ne se voient plus que le dimanche. La voilà seule avec les deux garçons. Frédéric, toujours taciturne, qui ne parle à personne. Grand, fort, avec du poil au menton. C'est un homme, déjà. À côté de lui, Arthur a l'air d'un gamin. Pourtant, ils n'ont qu'un an de différence... Arthur... Vitalie sourit. Elle l'aime. Elle se sent étrangement proche de lui, même si, par moments, il lui fait un peu peur. Par exemple, quand il se lance dans de grands discours sur... Comment dit-il déjà ? – La bourgeoisie ? – Oui, c'est ça. Il devient alors tellement violent. Ses yeux, si doux d'habitude, lancent des éclairs ! Elle ne comprend pas tout ce qu'il dit. Il voudrait changer le monde, Arthur. Mais à quoi bon, si Dieu l'a fait ainsi ?

Elle se relit, n'arrive pas à poursuivre. Et dire qu'Arthur, lui, noircit des feuillets entiers ! Comment fait-il ? Quel est son secret ? Hier, pendant qu'il était

---

1. *Ibid.*

au collège, elle est entrée dans sa chambre. En cachette, elle a lu un de ses poèmes : *Les Étrennes des Orphelins.* Elle a pleuré.

Maintenant, elle a de nouveau envie de pleurer. Elle se sent seule. Frédéric toujours dehors, Isabelle au pensionnat, et Arthur qui, depuis plusieurs semaines, ne se promène plus sur les bords de la Meuse avec elle, le dimanche. Arthur, qui passe tout son temps avec son nouveau professeur de français, M. Izambard. Un jeune poète, paraît-il, qui n'est pas de Charleville... Normal, Charleville n'aime pas la poésie. Charleville n'aime pas le chant.

« Je sens l'accablement ordinaire me reprendre. La mélancolie revient. Pardon, ô mon Dieu, pour mes murmures et mon ennui. Aidez-moi, car je succomberai toujours si vous ne venez à mon secours. Ô Marie, votre enfant vous appelle, j'ai besoin de vous, Mère Sainte, fortifiez ma faiblesse[1]*. »*

Elle pose sa plume, regarde par la fenêtre un coin de ciel gris, réprime un cri.

« Que se passe-t-il, Vitalie ? demande aussitôt Mme Rimbaud.

— Rien... rien, maman...

— Mais tu es toute rouge ! Tu es souffrante à nouveau ?

---

1. *Journal de Vitalie, op. cit.*

— Non, non ! Je vais prendre un peu l'air ! Ça me fera du bien. »

Vitalie jette un châle sur ses épaules, sort, descend les escaliers à toute vitesse et une fois dehors, lève la tête vers la fenêtre. Ses pieds sont glacés par la neige. Elle devrait avoir froid, mais non... Elle contemple une image du passé. Oui, elle s'en souvient maintenant : ce fameux dimanche soir, lorsque, avec Arthur et Isabelle, ils avaient singé le baptême d'une poupée, il était apparu. L'oiseau au plumage multicolore. Elle avait eu si peur, alors ! Ce soir, elle ne tressaille même pas lorsque l'oiseau vient se poser sur son épaule. Au contraire. Elle a chaud, elle se sent bien, comme si un rayon de soleil caressait son épaule.

« Baou ! » murmure-t-elle.

Elle a prononcé le même nom qu'Arthur, ce dimanche soir. Ce nom que, la nuit, souvent, il prononce encore, quand il écrit. Oui, elle l'entend parfois la nuit, lorsque, réveillée par une violente quinte de toux, elle n'arrive plus à trouver le sommeil.

« Baou... Le Voleur de Feu... »

Depuis que l'oiseau est près d'elle, le feu qui dévorait sa poitrine s'est calmé. Elle peut respirer sans entrave.

« Dis, Baou, existes-tu vraiment ? »

L'oiseau s'envole : il y a eu un bruit à l'autre bout de l'allée. C'est Arthur qui revient du collège avec Georges Izambard. Vitalie rentre précipitamment.

Son frère a un peu honte de sa famille devant son professeur, elle le sait bien.

Le maître et l'élève marchent en silence. Ils ont parlé, parlé sans discontinuer, tout le long du chemin qui mène du collège jusqu'au quai de la Madeleine.

Des favoris encadrent le visage un peu empâté de Georges Izambard, tandis que ses yeux disparaissent derrière une paire de lorgnons épais. Il a l'air strict, vieux même, dans son impeccable complet trois pièces. Pourtant, il n'a que vingt-deux ans, sept ans à peine de plus que son élève.

Arthur est toujours vêtu de bleu marine. Mais il a grandi. À tel point que ses pantalons trop courts lui donnent une allure dégingandée, gauche. Ses cheveux sont plus longs. Fini le temps où la mère les lissait à l'eau sucrée. Une mèche rebelle cache ses yeux. Bleus. Immenses. Il a encore des tics enfantins : il rougit souvent, la moindre contrariété rend ses gestes brusques et maladroits. Comme en ce moment. Les mains enfoncées dans les poches, il baisse la tête, serre les lèvres : au premier étage, la silhouette de sa mère se dessine derrière la fenêtre.

Mme Rimbaud observe avec insistance ce « M. Izambard » dont elle a tant entendu parler depuis qu'il exerce comme remplaçant au collège de Charleville. Elle le soupçonne d'avoir une mauvaise influence sur son fils.

Georges Izambard, lui aussi, a aperçu la femme en

noir derrière le carreau. Mais il feint de n'avoir rien vu et négligemment, se place de manière à tourner le dos à la fenêtre. Il observe le visage d'Arthur : tendu, agressif, il ne ressemble en rien à l'élève un peu guindé, sage et soumis qui, assis au premier rang, collectionne les premiers prix.

Arthur se remet à parler. Brusquement, très vite. Chaque fois qu'il doit quitter son professeur, il est pris de logorrhée, comme s'il craignait de ne plus le revoir.

« J'ai vu, dans une librairie, une édition des *Fables* de La Fontaine, avec des illustrations de Granville. Ne trouvez-vous pas qu'il n'y a rien de plus idiot que ces dessins ? »

Izambard pose sur lui un regard amusé.

« Nous en parlerons la prochaine fois. Rentrez, maintenant ! Je crois qu'on vous attend. »

Arthur lève les yeux vers la fenêtre. La silhouette noire a disparu. Soulagé, il poursuit avec plus d'assurance :

« J'aimerais envoyer une lettre à Théodore de Banville, accompagnée de deux poèmes que j'ai composés. »

D'une main qui tremble un peu, il tend à son professeur une enveloppe qu'il a sortie de sa poche. Intrigué, Izambard déplie la lettre et commence à lire à voix haute : « *"Cher maître, nous sommes aux mois d'amour ; j'ai dix-sept ans"*[1] »...

---

1. *Lettre de Rimbaud à Théodore de Banville,* in *Rimbaud, Poésies,* Éd. G. F., 1989, p. 51.

Il s'arrête et sourit.

« Oui, j'ai un peu menti, marmonne Arthur en rougissant, mais si je dis que je n'ai que quinze ans et demi, il ne me prendra pas au sérieux. »

D'un geste, il arrête Georges Izambard qui s'apprête à poursuivre sa lecture :

« Lisez tout cela plus tard, quand vous serez seul ! Puis vous me direz ce que vous en pensez.

— Comme vous voudrez.

— Ma démarche doit vous paraître un peu banale, un peu bête, mais j'aimerais tellement aller à Paris ! Et puis, imaginez un peu que Banville accepte de publier un de mes poèmes dans *Le Parnasse contemporain*... ?

— Mais pourquoi Banville ?

— Parce que... parce que... Banville est un vrai romantique, un vrai poète ! Et aussi je... Pensez-vous qu'il me réponde rapidement ? »

Izambard, embarrassé, marque un temps d'arrêt. Encore un nouveau visage qu'il découvre. Ce n'est plus l'enfant sage, l'étudiant érudit, mais l'adolescent plein de fougue. L'adolescent boulimique. Boulimie de lecture. Frénésie d'écriture. Et tant d'orgueil, tant de violence !

« Tout cela me semble un peu prématuré. Vous voulez tout, et tout de suite, Arthur. Banville lira vos poésies, c'est sûr, car votre travail est d'une grande originalité. Quant à savoir s'il leur fera une place dans le *Parnasse,* nul ne saurait le dire. »

Le regard bleu se durcit. Le maître cherche aussitôt à adoucir ses propos.

« Mieux vaut ne pas trop espérer de cet envoi, reprend-il, vous ne pourrez avoir que de bonnes surprises par la suite. Considérez cette lettre comme une bouteille jetée à la mer ! Toutefois, si Banville ne vous répond pas, je pourrai vous mettre en rapport avec d'autres personnes. Paul Demeny, par exemple. »

Le visage d'Arthur s'illumine.

« L'auteur des *Glaneuses* ?

— Oui, c'est un ami.

— Comment vous remercier ?... Tout ce que vous faites pour moi, je... enfin... J'espère ne jamais vous décevoir... Je dois y aller. Ma mère...

— Oui, oui, je comprends. »

Ils échangent une vigoureuse poignée de main. Cependant, Arthur n'arrive toujours pas à prendre congé.

« Y a-t-il autre chose qui vous préoccupe ? demande doucement Izambard.

— Oui. Toujours la même chose. Je n'ai plus rien à lire.

— Tenez, j'ai là un volume qui vous distraira fort ce soir.

— *Les Misérables* », lit Arthur sur la couverture du livre que lui tend son professeur.

Il s'en saisit aussi brusquement qu'un enfant à qui l'on donne un nouveau jouet. Et comme un enfant encore, il le cache dans le revers de sa veste. La silhouette noire est là-haut, derrière le carreau.

Il s'éclipse en balbutiant un dernier remerciement.

Paul Demeny
l'auteur des
Glaneuses

8

« Mon livre. Où l'as-tu mis ? »

Droite sur son siège, Mme Rimbaud est en train d'écrire une lettre. Sans répondre à son fils, sans lui jeter un regard, elle termine sa phrase, appose sa signature au bas du papier, plie celui-ci soigneusement, le glisse dans une enveloppe, puis seulement, lève la tête :

« Quel livre ?

— Tu le sais très bien ! Celui que m'a prêté M. Izambard ! Il n'est plus dans ma chambre. C'est toi qui l'as pris, je le sais.

— Effectivement, il n'y est plus, car j'estime que ce n'est pas une bonne lecture pour toi. C'est d'ailleurs ce que j'étais en train d'écrire à M. Izambard, figure-toi. »

Désignant l'enveloppe que sa mère tient à la main, Arthur, bredouille, livide :

« Tu veux dire que ce mot... est destiné à M. Izambard ?

— Parfaitement. »

Il ébauche un mouvement. Cette maudite enveloppe. Il a envie de l'arracher des mains de sa mère... Mais il se ravise.

« Fais-moi voir ce que tu lui as écrit », siffle-t-il, les poings enfoncés dans les poches. Mme Rimbaud tend la lettre à son fils qui déplie fébrilement le feuillet.

« Monsieur,
Je vous suis on ne peut plus reconnaissante de ce que vous faites pour Arthur. Vous lui prodiguez vos conseils, vous lui faites faire des devoirs en dehors de la classe, c'est autant de soins auxquels nous n'avons aucun droit. Mais il est une chose que je ne saurais approuver, par exemple la lecture du livre comme celui que vous lui avez donné il y a quelques jours, "Les Misérables", V. Hugot. Vous devez savoir mieux que moi, monsieur le professeur, qu'il faut beaucoup de soins dans le choix des livres qu'on veut mettre sous les yeux des enfants. Aussi, j'ai pensé qu'Arthur s'est procuré celui-ci à votre insu, il serait certainement dangereux de lui permettre de telles lectures. J'ai l'honneur, Monsieur, de vous présenter mes respects[1]. »

---

1. *Lettre de Mme Rimbaud à Georges Izambard,* in *Arthur Rimbaud,* Éd. Laffont, 1992, p. 219.

Arthur a les joues en feu. Le papier tremble entre ses mains. Un sourire méprisant aux lèvres, il déclare :

« Tu as écrit "Hugo" avec un t. »

Sur ces mots, fixant sa mère, il déchire la lettre. Sans se départir de son calme, Mme Rimbaud rétorque avec la même ironie :

« Tu as bien fait de souligner cette faute. Il n'est certes pas convenable d'écrire à un professeur de rhétorique en faisant des fautes d'orthographe. Je m'en vais réécrire cette lettre sans plus tarder. »

Elle reprend sa plume, mais Arthur lui saisit brusquement le poignet. La mère et le fils, aussi surpris l'un que l'autre par ce geste si direct, échangent un regard. Chez les Rimbaud, on garde toujours ses distances.

Arthur lâche aussitôt le poignet de sa mère, comme si ses doigts le brûlaient. Affreusement gêné, il bredouille :

« Je ne veux pas... N'envoie pas ce mot !

— Je n'ai pas d'ordre à recevoir de toi. Non seulement je vais lui écrire, mais je vais le rencontrer. Le proviseur a fixé un rendez-vous demain après-midi. Je vais dire à ce M. Izambard ce que je pense de son enseignement. Sans mâcher mes mots, crois-moi.

— Mais de quel droit ? C'est le meilleur professeur qu'il y ait jamais eu dans ce foutu collège de Charleville ! De quoi te plains-tu à la fin ? J'ai de bons résultats, non ? Je travaille ! Je vais me faire une "place", comme tu dis !

— Je ne conteste rien de tout cela. Je n'ai rien à dire sur ton travail. Mais j'estime qu'un professeur digne de ce nom ne doit pas faire lire Hugo à ses élèves. Cet homme a des idées pernicieuses et je soupçonne Georges Izambard de les partager.

— Des idées pernicieuses ? C'est quoi, des idées pernicieuses ?... Il est républicain, c'est ça ? Et alors ?

— Voilà justement ce que je craignais ! Tu es trop jeune, trop influençable. Je ne veux pas te voir frayer avec de telles idées. Ce Hugo, c'est l'ennemi de l'ordre, l'ennemi de l'autel. Il a été banni pour ça !

— Banni par qui ? Ennemi de quel ordre ? Celui de la petite bourgeoisie étriquée dans laquelle tu te complais ?

— Arrêtons là, veux-tu ! Je te le répète, tu es trop jeune pour avoir des idées justes en politique.

— Mais je ne suis plus un enfant ! J'ai le droit de penser ce que je veux ! J'ai le droit de lire qui je veux ! »

Arthur a hurlé ces derniers mots. Alors sa mère donne un grand coup sur la table et hurle, elle aussi :

« Un écrivain digne de ce nom ne doit pas dire... ne doit pas employer le... le mot de Cambronne ! Oui, parfaitement, il est imprimé en toutes lettres dans le chapitre sur Waterloo !

— Le mot de Cambronne ? »

À son tour, Arthur frappe sur la table.

« C'est quoi, le mot de Cambronne ?... "Merde" ? C'est ça ? Hugo a écrit "merde" ! Mais comme il a raison, bon sang, le vieux poète, de dire merde à Napoléon, merde à l'Empire ! Tu as peur du mot "merde", toi, une paysanne d'origine ? Pourtant, c'est leur lot, la merde, aux paysans ! C'est bien ça que tu brigues pour Frédéric, une place dans la merde, et pour moi, une place de notable à la campagne ? Quelle chierie ! Moi aussi, je dis merde à tout ça, tu m'entends ? Merde !

— Ça suffit ! » ordonne Mme Rimbaud en se levant. Pour toute réponse, Arthur se saisit d'une coupe en porcelaine posée sur la table et la jette à terre.

Abasourdie, Mme Rimbaud fixe son fils sans répliquer : il se dresse en face d'elle, tremblant de colère et soudain, la ressemblance avec son mari lui saute aux yeux. Évidente, insupportable.

Muets, la mère et le fils se font face un long moment. La mère, très grande, domine encore son fils d'une bonne tête. « Elle ne me giflera plus », se dit celui-ci. Il soutient son regard. Quelques brefs instants seulement. Puis il finit par baisser les yeux, baisser la tête, comme un enfant. La gorge nouée, il se mure dans le silence.

« Suis-moi ! » ordonne Mme Rimbaud.

Il obéit et la suit jusqu'au grenier. Là, elle allume une lampe à pétrole et, désignant une paillasse dans un coin :

« Tu passeras la nuit ici, dit-elle. Tu es chez moi. Tu

n'as que quinze ans et demi. Tu n'es pas encore en âge de me manquer de respect impunément. »

Puis elle ferme la porte à double tour derrière elle.

La vieille serrure sauterait sans difficulté... S'échapper du grenier ?... Trop dérisoire. Il lui faudrait fuir. Tout simplement. Loin, bien loin.

Il s'assoit par terre, prostré. Près de lui, il y a une table aux pieds cassés sur laquelle s'entassent des jouets abandonnés, et puis une grande malle. Si elle renfermait des livres ? Ça l'aiderait à tuer le temps... Il se lève et, s'éclairant de la lampe à pétrole, commence à fouiller. Il jette en vrac les bouts d'étoffe, les effets mis au rebut et aperçoit une pile de livres. Il s'en saisit aussitôt.

À travers une épaisse couche de poussière, le titre du premier volume apparaît : *Grammaire,* de *Bescherelle*[1]. La page de garde porte une signature : *Capitaine Frédéric Rimbaud.* Son père... Cette grammaire a appartenu à son père. Il feuillette les pages avec frénésie, comme toujours, lorsqu'il a un livre entre les mains : certaines règles de grammaire sont soulignées, des annotations sont gribouillées en marge, illisibles pour la plupart, sauf la dernière, tracée d'une écriture fine : « *Sans un peu de travail, on n'a point de plaisir*[2]. »

Il relit cette phrase à voix haute, plusieurs fois. La

1, 2. C.f. *Rimbaud, une question de présence* de J.L. Stermetz, Éd. Tallandier, 1992, p. 22.

voix du capitaine, il aurait voulu l'entendre. Mais les souvenirs sont si lointains, les images si floues : un bruit de talon sur le plancher, la tenture de velours qui dansait dans le noir. Rien d'autre. Son père n'a pas de visage.

L'autre livre, vite... Il va sûrement y trouver de nouvelles annotations de son père. C'est un dictionnaire d'arabe. Des traductions de mots courants sont encadrées, ainsi qu'un chapitre consacré aux formules de politesse. Quelques feuilles libres se sont glissées entre les pages du dictionnaire. Elles portent toutes la même en-tête : *Papiers Arabes*[1]. Les feuillets, jaunis par le temps, sont couverts de caractères arabes parmi lesquels, de temps en temps, se glisse un mot français : *Plaisanteries... Jeux de mots... Collection de dialogues, de chansons*[2]... À la fin, le capitaine a répertorié une série de proverbes arabes. L'un d'entre eux est traduit, écrit à l'encre rouge : « Si tu veux être apprécié, meurs ou voyage. »

« Voyage ». Il fixe ce mot. Tellement qu'il en a mal aux yeux.

Le dernier volume. Ce n'est pas un livre relié, mais un cahier dont les feuilles perforées ont été assemblées avec des rubans de couleur. Le titre est toujours écrit de la main du capitaine : *Traité sur les sauterelles*[2]. Mais les pages sont demeurées vierges. Une succession de pages blanches. Et la suite ? Le capitaine est-il en

---

1, 2. *Ibid.*
2.   *Ibid.*

si tu veux être apprécié,
meurs ou voyage

train de l'écrire ? À cette heure ? À l'autre bout du monde ?... L'autre bout du monde. C'est loin. C'est toujours plus loin.

Le *Traité sur les sauterelles* a rejoint la grammaire et le dictionnaire arabe sur les genoux d'Arthur. Il les serre contre lui. Jamais il n'a serré son père contre lui... Cet homme, ce soldat lettré qui parcourait le monde en apprenant l'arabe et la grammaire, il ne l'a pas connu. De lui, il n'a pas même une photographie. Rien que des bribes d'écriture. Tant pis. Il peut l'imaginer. Oui, il l'imagine, vêtu, non d'un uniforme, mais d'un élégant costume de coton blanc, comme on en porte dans les pays chauds, la main placée en visière sur le front pour se protéger du soleil, posant nonchalamment devant une mosquée.

Il fait sombre dans le grenier. Pourtant, lui aussi, il porte la main en visière et il plisse les yeux, très fort, parce que le soleil, celui qu'il imagine, celui qu'il désire, est soudain aveuglant, oppressant. Il a du mal à respirer. Ce poids sur la poitrine, pour s'en libérer, il doit crier :

« Baou. »

L'oiseau s'est posé sur la vieille malle.

« Raconte le voyage, Baou, raconte. »

Sa mère lui a ouvert la porte à l'aube. Elle l'a trouvé éveillé, assis à même le sol. Elle a éprouvé un léger remords en remarquant des cernes noirs sous ses yeux. Elle a aussi discerné quelque chose de différent dans son regard : l'insolence de la veille avait disparu. « La leçon a porté », s'est-elle dit.

Elle n'a rien vu. Elle n'a rien compris. Surtout pas cette lueur étrange dans le regard de son fils.

Il est passé devant elle sans dire un mot. Les livres trouvés dans la vieille malle étaient cachés dans le revers de sa veste, près de son cœur. Et sous ses yeux, dansaient les lettres tracées de la main de son père : « Si tu veux être apprécié, meurs ou voyage. »

9

Vitalie et Isabelle fixent leur frère d'un œil effaré. Celui-ci a déchiré sa cravate, jeté par terre sa veste d'uniforme. La chemise déboutonnée, les cheveux en bataille, le regard sombre, il fait les cent pas dans sa chambre.

Vitalie ne dit mot. Elle connaît « son Arthur ». Plus rien de lui ne l'étonne. Isabelle, en revanche, a bien envie de protester. Elle est rentrée du pensionnat la veille et cette première journée de vacances avait si bien commencé ! Quelle pitié de la voir gâchée maintenant !

Le matin, elle a assisté à la distribution des prix au collège de Charleville avec sa mère et sa sœur. Pour la circonstance, elle avait revêtu sa robe du dimanche, celle dont le col est brodé, tandis que Mme Rimbaud portait sa robe de soie grise et sa mante en chantilly. Comme elles ont applaudi lorsque, à sept reprises, le proviseur a appelé Arthur pour lui remettre le premier prix ! Et à la fin de la cérémonie, quel tonnerre d'applaudissements ! Devant l'assemblée de tous les parents, des pensionnaires du collège et du séminaire, des notables de la ville, le proviseur a annoncé qu'Arthur avait obtenu le premier prix de vers latins au Concours Académique. Le Concours Académique ! La suprême récompense !

Tous les professeurs, un à un, ont serré la main d'Arthur. Lui, pourtant, semblait triste malgré tous ces succès : Georges Izambard était absent. Il avait dû quitter Charleville avant la distribution des prix. Le soleil, en revanche, était au rendez-vous. Et c'est si rare en juillet, à Charleville !

Avec Vitalie, elle a aidé Arthur à porter ses livres, tellement il y en avait ! De grands, de beaux livres reliés, avec des illustrations à l'intérieur. Quel fou rire lorsque sa sœur a lâché la pile qu'elle tenait, en glissant sur le trottoir !

Le déjeuner à la maison a été très gai : la mère avait préparé un bon repas et à table, elle a même lancé deux ou trois bons mots. Elle était si contente, si fière ! Elle avait oublié ses soucis : pourtant, Frédéric a disparu depuis deux jours. En ville, les gens racontent qu'il se serait fait soldat. Quelle idée ! La mère n'y croit pas. Elle a raison.

Ç'aurait été agréable de se promener en fin d'après-midi sur les bords de la Meuse. Mais avec cette colère soudaine d'Arthur, il ne faut plus y penser.

Voilà que maintenant, il s'en prend aux prix qu'il a reçus ! Il les déchire, les piétine.

« Arrête, Arthur ! crie Isabelle en se précipitant sur son frère. Pourquoi tu fais ça ? »

Tandis qu'elle s'accroche à son bras, il l'écarte d'un geste violent et s'attaque à un autre volume qu'il réduit en charpie.

« Laisse-moi au moins les images ! »

Isabelle fond en larmes. Vitalie tente de la consoler, sans succès :

« Oh ! Toi, ça va ! Je sais ce que tu vas me dire ! Tu prends toujours la défense d'Arthur, même quand il est fou ! Laisse-moi tranquille ! »

Alertée par tant de vacarme, Mme Rimbaud entre. Elle porte encore sa robe de soie grise et tient à la main ses gants de dentelle ainsi que sa mante qu'elle s'apprêtait à ranger. Elle fronce les sourcils : que font par terre la cravate et la veste d'Arthur ? Les livres déchirés ? Qu'ont donc les filles ?

« Mais enfin, que se passe-t-il ici ? » demande-t-elle.

Isabelle sèche ses larmes, mais comme Vitalie, elle demeure muette et fixe obstinément son frère. Celui-ci fait quelques pas vers sa mère et déclare sans ambages :

« J'arrête les études. Je ne passerai pas mon bac. »

Désignant d'un geste les livres qui s'amoncellent sur son bureau :

« Fini tout ça. Le collège, les concours, les prix. Fini. Je veux aller à Paris. Je veux travailler dans un journal. »

Mme Rimbaud se laisse tomber sur une chaise. Elle tripote machinalement ses gants, sa mante, seuls vestiges de cette matinée pleine d'espoir que les paroles de son fils viennent de réduire à néant.

« Tu es fatigué, Arthur, murmure-t-elle. C'est la fin de l'année. Tu as travaillé dur. Tu vas te reposer pendant les vacances et tu verras qu'à la rentrée, tu demanderas toi-même à reprendre le chemin du collège.

— Je ne changerai pas d'avis après les vacances.

— Mais c'est ridicule ! Tu n'as plus qu'un an avant le baccalauréat. Avec les facilités que tu as, tu réussiras l'examen.

— Et après ? Qu'est-ce que je ferai après ? Les études ne servent à rien. Je ne veux plus avoir de comptes à rendre. Ni aux professeurs, ni à toi. La vraie vie est ailleurs... J'irai à Paris. »

Mme Rimbaud se lève, retrouvant soudain toute son énergie :

« À seize ans à peine, tu veux aller travailler à Paris ? Est-ce que tu sais seulement ce qui se passe dans la capitale ? Tu n'y connais personne !

— M. Izambard a beaucoup de relations à Paris, il

me donnera des adresses et je me recommanderai de lui.

— Encore ce M. Izambard ! On peut dire qu'il en aura fait des dégâts, celui-là, en quelques mois ! J'espère qu'il ne remettra plus les pieds au collège de Charleville.

— Rassure-toi, il ne reviendra pas. Il est trop bien pour pourrir dans ce trou ! Quant à moi, j'irai à Paris, que tu le veuilles ou non ! »

Le ton a monté brusquement. De nouveau, la mère et le fils se font face, s'affrontent avec violence. Et c'est à qui criera le plus fort.

« Tu as raison, reprend Mme Rimbaud, les études ne servent à rien ! Elles n'ont même pas réussi à te mettre un peu de plomb dans la tête. Sais-tu seulement, petit inconscient, que la guerre est déclarée depuis le 19 juillet ? Qu'autour de nous, la bataille fait rage ? Et Monsieur parle d'aller à Paris !

— Je n'en ai rien à faire, moi, de cette guerre ! Ce n'est pas la mienne, peu m'importent les revers militaires de Napoléon ! Si au moins l'Empire pouvait en crever, de cette guerre !

— Ça suffit ! Tu continueras tes études, tu m'entends ? S'il le faut, je t'enfermerai dans un internat !

— C'est ça, enferme-moi dans un internat ! Enferme-moi encore dans ton grenier ! Rien ne m'empêchera d'aller à Paris ! »

La mère et le fils se mesurent du regard. Mais cette

fois, c'est Mme Rimbaud qui baisse les yeux. Avec des gestes d'automate, elle commence à mettre de l'ordre dans la pièce, ramassant les vêtements d'Arthur et les morceaux de papier qui jonchent le sol. Quelqu'un frappe à la porte. Elle fait signe à Vitalie d'aller ouvrir et quelques instants après, la jeune fille revient en compagnie d'Ernest Delahaye.

Le jeune homme entre et salue Mme Rimbaud. Il a l'air tendu lui aussi. Debout sur le seuil de la porte, il triture les bords de son chapeau, en jetant des coups d'œil sur Arthur qui, après un bref signe de tête, lui a tourné le dos et s'est planté devant la fenêtre.

« Quelles nouvelles nous apportez-vous, Ernest ? demande Mme Rimbaud au bout d'un moment.

— De bien tristes nouvelles... Nous avons perdu la bataille à Wissembourg. L'armée prussienne est victorieuse. »

Sans se retourner, Arthur, d'un ton plein d'ironie, lui lance :

« Tu t'inquiètes pour l'armée de Napoléon maintenant ?

— Je m'inquiète pour mon père, rétorque Ernest, piqué par le mépris de son camarade. Il a été mobilisé en fin de semaine. Ce matin, nous avons reçu un mot de lui dans lequel il nous apprend que... »

Il jette un regard à Mme Rimbaud puis, gêné, baisse les yeux.

« Que dit votre père ? insiste Mme Rimbaud.

« — Eh bien, il dit que... dans son régiment... il a retrouvé...

— Qui a-t-il retrouvé ?

— Frédéric. »

Mme Rimbaud blêmit. Craignant de la voir défaillir, Vitalie et Isabelle s'empressent d'avancer une chaise et de la faire asseoir.

« C'était donc vrai ! balbutie-t-elle d'une voix à peine audible. Il s'est enrôlé, sans me prévenir, sans crier gare... Frédéric, soldat ! En pleine guerre, mon Dieu ! »

Elle enfouit sa tête entre ses mains et ne dit plus un mot. Arthur quitte enfin la fenêtre. Il s'approche de sa mère et l'observe un instant. Dans son regard, pas la moindre pitié.

« Quel imbécile, ce Frédéric ! lance-t-il d'un ton glacial. Il croit qu'il va continuer à jouer aux soldats de plomb sur le front. »

Il fixe ses sœurs, anéanties elles aussi, puis son ami, affreusement gêné.

« Pourquoi faites-vous tous ces mines d'enterrement ? ricane-t-il. Vive le *patrouillotisme !* »

Puis il se tourne de nouveau vers la fenêtre. Le soleil commence à décliner, la chaleur est moins écrasante.

« Nous sommes jeudi, non ? demande-t-il à Delahaye. Il y a un concert, place de la Gare. Puisque c'est à la mode, allons donc écouter de la musique militaire ! »

Sans laisser à son ami le temps de prendre congé, il l'entraîne rapidement dehors.

Silencieux, les deux jeunes gens marchent d'un bon pas. Une fois le quai de la Madeleine suffisamment loin derrière eux, Arthur s'arrête et demande :
« Tu n'aurais pas...
— Si, répond aussitôt Ernest. J'ai réussi à m'en procurer. »
Il sort de sa poche du papier à cigarettes et un peu de tabac.
« Attends ! Pas ici ! » dit Arthur.
Il se dirige vers un porche. Là, les deux jeunes gens s'accroupissent et roulent leurs cigarettes avec maintes précautions. Remarquant l'œil inquiet d'Arthur :
« Arrête un peu ! dit Ernest. Ta mère ne peut pas nous avoir suivis jusqu'ici. La pauvre, je crois qu'elle a été secouée par la nouvelle : Frédéric, soldat, c'est le bouquet !
— Ce n'est pas d'elle que je me méfie. Dans cette foutue ville, il y a un œil derrière chaque carreau, une oreille derrière chaque porte, et les langues de vipère sont légion ! »
Les deux jeunes gens allument leurs cigarettes et tirent plusieurs bouffées à la file. Les yeux rougis par la fumée, c'est à qui réussira à réprimer la toux qui menace.
Ils se lèvent et poursuivent leur chemin vers la place de la Gare. Le soleil s'est couché. Une brise légère

annonce une soirée douce et agréable. Ils n'ont pas envie de parler. Ils se sentent bien ainsi. Leurs pensées vagabondent au gré des volutes de fumée. Ils en oublient leurs cigarettes qui se consument toutes seules.

La place de la Gare apparaît bientôt, grouillante de monde. Tout Charleville est là, assis sur les bancs qui entourent la pelouse bien carrée, bien tondue. Les haies de rosiers s'alignent, parfaitement taillées, et le feuillage des arbres ne bouge pas d'un pouce sous la brise. Arbres et fleurs semblent se tenir au garde-à-vous pour la circonstance, comme les Carolopolitains qui, en ce jeudi soir un peu exceptionnel, ont fait toilette.

Les conversations vont bon train. « C'est la guerre »... « On va la gagner, c'est sûr »... « Napoléon va leur flanquer une bonne raclée à ces Prussiens »... Personne n'écoute l'orchestre militaire qui, installé dans le kiosque au milieu du jardin, joue une polka mazurka. Personne ne remarque les couacs que laissent échapper les musiciens. Toutefois, lorsque les notes se taisent, on applaudit.

Delahaye a retrouvé un groupe de collégiens à l'autre bout du jardin. Arthur, lui, a préféré demeurer à l'écart. Adossé à un arbre, les mains dans les poches, il promène un regard méprisant autour de lui.

Les premiers rangs sont occupés par le beau monde. Monsieur le notaire, dans son habit noir où brillent breloques et décorations, trône parmi de vieux rentiers, qui ont chaussé d'épais lorgnons pour mieux « entendre » l'orchestre.

Dans les rangs du milieu, des employés de bureau, suant dans leur costume du dimanche, étriqués, sont assis sur une fesse : c'est qu'ils sont accompagnés de leurs femmes, grasses et opulentes dans leurs robes à volants. L'épicier est là aussi, qui fait de grands discours et, à l'aide de sa canne, dessine sur le sable les positions des troupes françaises face à l'ennemi. Sa canne à pommeau est neuve : il voudrait qu'on l'admire. Il ne s'interrompt que pour priser dans sa tabatière en argent dont il est très fier : oui, les affaires ont bien marché cette année... Pourvu que la guerre ne leur porte pas préjudice...

Les derniers rangs sont abandonnés aux bonnes de ces messieurs-dames : serrées les unes contre les autres, elles ont bien du mal à calmer les bébés qui n'apprécient guère la musique militaire et l'échangeraient bien, à cette heure, contre une berceuse. De jeunes soldats leur tournent autour. Pavoisant dans leur uniforme, ils trouvent les bébés mignons à croquer, histoire de lier conversation.

Enfin, loin derrière les bancs, un groupe de jeunes filles s'ébroue en riant. Elles profitent de la nuit tombante pour courir en soulevant leurs jupons de dentelle. De temps en temps, elles s'arrêtent et jettent un coup d'œil vers l'étudiant débraillé qui, adossé au marronnier, les observe en rougissant. Elles parlent tout bas et soudain, se mettent à glousser, car l'une d'elles s'est dirigée nonchalamment vers le marronnier. Elle fait les yeux doux à l'étudiant, se retourne, lui montre la courbe de ses épaules sous son corsage brodé.

Lui, il l'admire un instant, puis détourne le regard, bénissant l'obscurité qui cache sa timidité. Mais voilà qu'il tressaille : Delahaye s'est approché de la demoiselle et échange quelques mots avec elle. Son camarade le désigne du doigt, la jeune fille acquiesce et s'éloigne.

« Qu'est-ce que tu lui as dit ? demande Arthur à son ami qui l'a rejoint.

— Ça y est, c'est arrangé, elle t'attend ! dit Ernest, un sourire triomphant aux lèvres.

— Où ça ?

— Sur la promenade.

— Mais... mais son père est là. Je l'ai vu, assis au premier rang. Tiens, regarde ! Son faux-col brille dans le noir.

— Ne t'inquiète pas ! Il est en grande conversation avec le notaire. Il n'y verra que du feu !

— Et sa mère, elle doit être dans le coin, non ?

— Du tout, elle est à la maison. Il n'y a aucun danger, je te dis. Vas-y ! Elle t'attend. »

Arthur fait quelques pas, mais revient aussitôt.

« Qu'est-ce que je vais lui dire ? demande-t-il, l'air penaud.

— Mais enfin, qu'est-ce qui t'arrive ? Débrouille-toi tout seul ! Je ne vais pas y aller à ta place, non ?

— Je ne pensais pas qu'elle serait là, ce soir.

— Moi, je le savais, Labarrière me l'avait dit.

— Tu aurais pu me prévenir.

— Bon, décide-toi à la fin ! Elle ne va pas t'attendre toute la nuit ! »

Arthur s'éloigne enfin.

Là-bas, au loin, il aperçoit le corsage blanc qui, jouant avec les reflets d'un réverbère, lui montre le chemin. Elle est déjà à l'autre bout de la promenade. Il marche d'un pas plus assuré, les tilleuls sentent bon. La musique et les bruits du square s'estompent peu à peu, on n'entend plus que l'écho des applaudissements qui résonne par instants. L'air est si doux qu'il ferme la paupière. La sève des arbres est comme du champagne qui lui monte à la tête.

Il s'amuse à marcher ainsi, les yeux clos, comme un somnambule, lorsqu'il bute sur quelque chose. Il ouvre les yeux et aperçoit sa bottine. Elle est là, assise sur le dernier banc, celui qui n'est pas éclairé par le réverbère. Elle a les mains jointes sur sa jupe. Ses doigts s'accrochent au tissu et tout doucement, le relèvent. Le jupon de dentelle découvre le haut de la petite bottine, puis une cheville, très fine. Comme il s'est agenouillé devant elle, elle éclate de rire. Il n'a même pas retiré les mains de ses poches et pourtant, la petite bottine s'enfuit sous la jupe rabaissée brusquement... Les mains blanches courent maintenant sur le corsage qu'elles déboutonnent. Elle rejette la tête en arrière, attendant un baiser. Mais lui demeure immobile et serre ses poings dans ses poches : il regarde les boucles noires qui flottent sur ses épaules, la blancheur de sa peau, la ligne rouge de ses lèvres entrouvertes. Ses yeux verts semblent demander : « Et alors ? Quand vas-tu te décider ? » Noir, blanc, rouge, vert... les couleurs de l'oiseau... Baou...

Et voilà que soudain, le col en dentelle de la jeune fille accroche son regard : il ressemble trop au faux col de son père. Alors il se souvient de la fille aux allures d'indienne : elle ne portait pas de pantalons sous sa jupe... Il préfère garder sur ses lèvres la saveur de sa peau. Il se lève. Il va rejoindre l'oiseau. Quelque part...

Les mains dans les poches, il marche sous les tilleuls verts de la promenade, sans se retourner. Et puis, comme la nuit n'est pas très avancée, il va entrer dans un café et demander une limonade.

« *On n'est pas sérieux quand on a dix-sept ans*[1]. »

---

1. *Roman,* in *Rimbaud, Poésies,* G. F., 1992, p. 92.

10

L'été à Charleville, chaud, torride pour une fois. La grisaille a cédé la place à un ciel bleu sans nuages. Après un hiver interminable, vient la lumière, sans réconfort.

Une lumière factice. L'été dans une petite ville de province est insupportable. Insupportables également les rumeurs de la guerre.

Tous les bourgeois se sont levés pour défendre la patrie, mais lui, il reste assis. Assis dans sa chambre, la nuit, pour écrire, assis dans la chambre de Georges Izambard, le jour, pour lire... Lire, écrire : seuls moyens de vaincre le désespoir.

Pas de promenades, pas de bains de soleil, pas de

repos, il fuit le monde pour s'enfermer dans cette chambre dont Izambard, avant son départ, lui a donné les clefs.

Fenêtres et volets sont clos. Absorbé par sa lecture, la sueur dégouline sur son front, mouille ses cils, lui brouille la vue, sans qu'il y prenne garde. La dernière page achevée, le livre glisse entre ses doigts pour rejoindre les autres, par terre. En face de lui, les rayons de la bibliothèque sont vides, désespérément vides. Il a tout lu. Tout : les titres recommandés par son professeur, puis le reste, jusqu'au moindre article dans le plus anodin des journaux. En un mois. Tant que les livres étaient là, autour de lui, il pouvait respirer, espérer. Mais maintenant ?... Maintenant, ils s'étalent à ses pieds : Auguste Barbier, Théodore de Banville, Chateaubriand, André Chénier, Casimir Delavigne, Flaubert, Gautier, Vigny, George Sand, Rabelais, Nerval... Ils l'ont abandonné. Il se sent épuisé, découragé, malade, furieux. Que va-t-il faire ?

Ses yeux lui font mal, la tête lui tourne, sa poitrine se déchire. Il se lève, fait les cent pas, s'arrête devant deux volumes mis à l'écart. Il les prend, en caresse la couverture, les feuillette encore avec frénésie.

« Baudelaire, murmure-t-il, le premier Voyant, le roi des poètes... Paul Verlaine... Voyant... »

Il déambule encore dans la petite pièce, serrant les livres contre lui. Comme dans le grenier, lorsque sa mère l'avait enfermé. Est-il condamné à être enfermé ainsi ?... Pourquoi fait-il si sombre ? Il étouffe ! Il se rue vers la fenêtre, l'ouvre, et le soleil entre à flots dans la chambre. Sous le soleil, les couleurs du Voleur de Feu sont éclatantes. Il est là, posé sur la branche d'un marronnier.

« Baou.
— *Travaille à te faire voyant !* »
On frappe à la porte.
« Comment ? »
Les coups redoublent.
« Comment ? »
L'oiseau s'est envolé. Le marronnier, sous les Allées, est en fleur. En bas, la rue est déserte... Il s'empresse de refermer la fenêtre et demeure prostré, hagard. Puis, comme on tambourine de nouveau contre la porte, il se décide enfin à aller ouvrir.

« Tu en as mis du temps ! s'écrie Delahaye en entrant. Un peu plus et je repartais. Ça fait deux semaines que je te cherche partout. Ce matin seulement, ta mère a bien voulu me dire que tu étais ici... Mais que se passe-t-il ? »

Arthur n'entend rien, ne voit rien. Il pense à l'étrange voix de tout à l'heure, aux mots qu'elle lui a soufflés... « Voyant »...

« Tu ne te sens pas bien ? » insiste Delahaye.
Arthur tressaille, se tourne vers son ami qu'il semble apercevoir seulement.

« Si, si, ça va... Tiens, puisque tu es là, aide-moi à ranger les livres ! À deux, ce sera plus vite fait. »

Delahaye lui passe les piles de livres qu'il replace

dans les rayons. Une fois cette tâche achevée, Arthur regarde une dernière fois la bibliothèque.

« Voilà ! Ma dernière planche de salut est épuisée. »

Sans ajouter un mot, il quitte la pièce, suivi par son ami.

Écrasés par la chaleur, tous deux marchent en silence pendant quelques minutes.

« Qu'est-ce qu'on fait ? finit par demander Delahaye.

— N'importe quoi, sauf rentrer. J'en ai assez des jérémiades de la *"bouche d'ombre"*.

— Ta mère ?

— Oui, ma mère. »

Delahaye l'observe avec inquiétude : il a le regard sombre, deux barres rouges marquent ses joues. La mine des mauvais jours... Les traits de son visage lui paraissent plus anguleux. Quelque chose se dégage de toute sa personne. Quelque chose qu'il ne peut définir. Il a vieilli. Brusquement... Presque gêné, Delahaye propose :

« Il paraît qu'il y a des mouvements de troupe, place Ducale. On y va ?

— Des mouvements de troupe ? répète Arthur, un sourire ironique aux lèvres. C'est ça, allons voir les mouvements de troupe, ce sera toujours mieux que de rentrer. »

Les deux jeunes gens traversent les rues désertes. Malgré la chaleur, tous les habitants de la ville sont allés voir défiler les troupes. Alors qu'ils tournent au coin de la rue du Moulin et de la place Ducale, Arthur entraîne son ami vers les établissements Jolly.

« Attends, dit-il, je veux voir s'il y a des nouveautés. »

Mais l'étalage de la librairie est bien maigre : quelques livres posés sur un tréteau.

« Il n'y a rien ! s'exclame Arthur après un bref coup d'œil. Pas un livre nouveau. C'est la mort !

— Non, c'est la guerre ! »

L'employé de la librairie se tient sur le pas de la porte. Le béret de travers, affublé d'une blouse grise crasseuse, il a l'air aussi poussiéreux que ses livres.

« C'est la guerre, répète-t-il. Le courrier ne nous envoie plus rien. Les livres ne sont plus acheminés de Paris. Si ça vous intéresse, j'ai le *Courrier des Ardennes,* c'est tout ce que je peux vous proposer. »

Arthur saisit machinalement le journal que lui tend le libraire. Cependant, son regard est rivé sur deux livres, posés sur un coin de la table.

« Merci », bredouille-t-il.

Le vieux libraire, lui, semble avoir envie de lier conversation.

« Alors, Ernest, des nouvelles de ton père ? demande-t-il.

— Pas depuis plusieurs semaines. »

Delahaye a compris les intentions d'Arthur. Il fait négligemment quelques pas de manière à se placer devant lui et à le soustraire au regard du libraire. Puis, d'une voix plus forte, il reprend :

« Et Mézières ? On sait ce qui s'y passe finalement ?

— Mézières résiste. Metz est assiégé, de même que Strasbourg. Il ne faut pas les laisser entrer, ces salauds de Prussiens ! Ah ! si seulement j'avais vingt ans de moins, je te prie de croire que je le prendrais, mon fusil ! »

Ernest se retourne discrètement vers Arthur : d'un léger signe de tête, celui-ci lui fait comprendre qu'ils peuvent prendre congé.

« Je leur aurais montré, moi, ce que c'est qu'un Français sur un champ de bataille !

— Monsieur..., tente d'interrompre Ernest.

— En tout cas, ils n'ont pas intérêt à s'approcher de Charleville, car moi...

— Monsieur !

— Salauds de Prussiens ! Vive la France ! »

Ernest saisit au vol la main que le libraire a levée pour faire un salut militaire et la serre vigoureusement, trouvant là une occasion de clore la discussion.

« Au revoir monsieur ! Ce n'est pas qu'on s'ennuie, mais nous ne voulons pas manquer le passage des troupes.

— Oui, oui, allez-y, mes petits ! Il faut leur donner du courage à nos soldats. Surtout, acclamez-les bien de ma part ! »

Les deux garçons profitent du roulement de tambour annonçant l'arrivée des troupes sur la place Ducale pour s'éloigner en courant.

« Montre un peu ce que tu as piqué ! demande Ernest, une fois la librairie loin derrière eux.

— *Les Fêtes galantes* et *Les Poèmes saturniens,* de Verlaine, dit Arthur en sortant les livres cachés dans le revers de sa veste.

— Si ta mère l'apprend !

— Elle n'avait qu'à me donner de l'argent. Depuis le début des vacances, elle ne lâche plus un sou, rien, pas un seul rond de bronze ! »

Les deux jeunes gens sont bientôt emportés dans un tourbillon de monde. La foule se presse pour apercevoir les premiers soldats qui arrivent. Il y a là des paysans, pas encore mobilisés et qui, pour la circonstance, ont abandonné le travail aux champs, des femmes qui espèrent voir leur mari en uniforme, et des retraités, trop vieux pour le front.

Les clameurs fusent de partout pour encourager les longues files de soldats qui avancent au son du tambour, certains à cheval, d'autres à pied. Soudain, une rumeur parcourt la foule comme une traînée de poudre. « Napoléon ! »... « Napoléon est là ! »... « Il est tout pâle ! »... « Le visage blafard »... « Manquerait plus qu'y soit malade ! »

On se presse, on se bouscule pour tâcher d'apercevoir l'empereur. On se fraye même un chemin parmi les chevaux, au risque de prendre un coup de sabot, et l'on s'avance vers les soldats, on leur lance deux ou trois mots d'encouragement. Ils sont fiers les soldats, fiers de porter l'uniforme, fiers d'aller se battre pour

Mouvements de troupes
place
Ducale

L'empereur Napoléon III

la patrie. Les acclamations de la foule leur gonflent le cœur. Souriants, ils brandissent leurs fusils en signe de victoire.

Emporté par la foule, Arthur a été séparé de son compagnon. Il serre contre lui les livres qu'il a volés, ses armes à lui, et le dégoût lui monte aux lèvres.

Entraîné par un groupe de paysans, il se retrouve près d'un soldat, frôlant les flancs écumants de sa monture. Le trot du cheval, mêlé aux roulements de tambour, lui martèle le crâne. Il lève la tête vers le soldat : c'est un jeune homme, âgé d'une vingtaine d'années tout au plus. Son shako, trop grand pour lui, cache son front et ne laisse voir que ses yeux, la pâleur extrême de ses joues. Ses lèvres tremblent : la chaleur est étouffante, pourtant, il a froid. Il croise le regard d'Arthur et une vague lueur s'allume dans ses yeux. Il semble prêt à parler, lorsqu'un paysan l'apostrophe :

« Dans quelle direction allez-vous ? À Metz ?

— À la boucherie ! » répond le jeune soldat.

Puis il détourne la tête et, droit sur sa monture, fixe un point à l'horizon.

Arthur lui a tendu la main, mais le jeune soldat est déjà loin...

Ivre de pitié, de dégoût et de rage, Arthur bouscule ses voisins. Partir, vite ! S'éloigner de cette foule en liesse. Il étouffe. Il court vers le square de la place Ducale. Enfant, il adorait cet endroit. Il se plante aux pieds de la statue du duc de Nevers : à cheval, lui aussi, mais pétrifié. Dieu merci, il ne peut galoper vers la bataille.

Il s'assoit par terre. Se bouche les oreilles. Les roulements de tambour sont insupportables. Une demi-heure se passe. Peu à peu, les bruits se taisent : les troupes sont passées. Chacun va rentrer chez soi et s'enfermer, la peur au ventre.

Il se lève et s'en va au hasard des rues. Il ne veut pas rentrer. Alors il marche. Il quitte la ville, traverse le pont de pierres, puis Saint-Julien, et ne tarde pas à apercevoir Mézières, coincée entre les collines et les fortifications. De l'autre côté, on se bat. L'écho d'un coup de canon lui parvient par intervalles réguliers, étouffé, comme dans un songe. Il ne veut entendre que le chant de la rivière : la Meuse est là, paisible. Peu importent les combats qui font rage au loin. Il s'allonge dans l'herbe, ferme les yeux : l'image du jeune soldat le poursuit. Et puis il frissonne. Il y a eu un brusque coup de vent, on dirait que l'été va bientôt prendre fin.

Il ouvre un œil : dans l'herbe verte, l'oiseau est là. Pourquoi ce reflet rouge sur son plumage ?... Il ferme les yeux de nouveau. Le jeune soldat au shako trop grand... Il l'imagine soudain, allongé dans l'herbe comme lui. Avec deux trous rouges au côté droit.

11

Ombrelle à la main, la mère marche, les deux filles à ses côtés. C'est dimanche aujourd'hui, on oublie la guerre, on oublie ses peurs en se promenant sur les bords de la Meuse. Vitalie et Isabelle cueillent des fleurs, heureuses qu'Arthur ait accepté de les accompagner. Il s'est fait si rare, ces temps-ci. Elles se retournent vers lui à intervalles réguliers et lui font gaiement un signe. Lui, leur répond par un vague geste de la main, un sourire forcé. Il marche à quelques pas derrière en suivant le cours de la rivière. L'eau, grise et trouble, est particulièrement calme. Un vieil homme rame péniblement et regarde d'un œil morne une barque qui, non loin de lui, flotte au gré du vent.

Accroupi au bord de l'eau, Arthur a lui aussi les yeux posés sur la petite embarcation : il reconnaît la barque du tanneur, elle a dû briser sa chaîne pour s'évader si loin du quai. Puis il se tourne vers les collines qui encadrent la vallée. Lui aussi, il va briser sa chaîne.

Sa mère et ses sœurs ont pris une sérieuse avance. Il ne distingue leurs silhouettes que très vaguement. Elles se sont assises dans l'herbe et de loin, on dirait des taches de couleur : la plus haute est noire, les deux autres d'un bleu délavé, comme déteint, rehaussé par un petit point rouge : le livre que Vitalie tient à la main. Mais le tout reste figé, les couleurs ne se mêlent plus. La poésie a fui, Charleville est plus insupportable que jamais.

« Maman ? demande Isabelle. Est-ce que je peux aller cueillir des fleurs de l'autre côté de la prairie ?

— Si tu veux, répond Mme Rimbaud. Mais ne t'éloigne pas trop !

— Je vais rejoindre Arthur, comme ça, je reviendrai avec lui. Vitalie, tu m'accompagnes ? »

La jeune fille lève les yeux du livre qu'elle ne lit plus depuis un moment déjà.

« Non, je préfère attendre ici.

— Tu ne te sens pas bien ? s'enquiert aussitôt Mme Rimbaud. Ta poitrine te fait mal de nouveau ?

— Non, non, tout va bien. »

Et Vitalie se replonge dans sa lecture, relisant la même phrase pour la énième fois.

La petite Isabelle hausse les épaules et s'éloigne.

Elle en a assez de tous ces visages tristes. Il fait beau et elle a envie de s'amuser. Les vacances tirent à leur fin, il faut en profiter ! La guerre, elle ne sait pas au juste ce que c'est ; tout le monde s'inquiète pour Frédéric, mais il est grand et fort, il saura bien se débrouiller.

Elle batifole un instant, ramasse des fleurs, compose un bouquet puis, ayant croisé une pensionnaire du Saint-Sépulcre, fait quelques pas en sa compagnie. Mais ça recommence ! La guerre, son père mobilisé... Quel ennui ! Qu'est-ce qu'elles ont toutes à ressasser les mêmes choses ? Et son père à elle ? Il est absent depuis toujours ! Elle s'en plaint ? Non ! Alors... Alléguant un prétexte quelconque, elle s'empresse de quitter sa camarade.

Elle flâne près de la rivière et ne tarde pas à apercevoir le vieil homme dans sa barque.

« Vous n'auriez pas vu mon frère ? demande-t-elle. Il était là tout à l'heure. »

Le vieillard lève sur elle un regard hébété.

« Un jeune homme très mince, pas très grand, avec un carnet à la main ? »

D'un geste, le vieillard lui fait comprendre qu'il est sourd.

Décidément... Elle hausse les épaules et poursuit son chemin. Irritée par la monotonie ambiante, elle se met à marcher sur les fleurs, à les écraser, une à une ; sa mère ne la voit pas, elle peut donc s'en donner à cœur joie ! Mais le jeu devient vite lassant, et elle finit par rebrousser chemin.

« Où est Arthur ? lui demande Mme Rimbaud.

— Aucune idée ! répond la petite d'un air détaché. Je suis allée jusqu'au bout de la prairie et je ne l'ai pas vu.

— Tu en es sûre ?

— Je ne suis pas myope, j'aurais reconnu mon frère, non ? »

La petite baisse la tête. Qu'est-ce qui lui a pris de répondre avec autant d'impertinence ? Elle n'en sait rien elle-même. Elle se sent si agacée tout d'un coup. Et l'air sinistre de Vitalie qui scrute l'horizon d'un œil morne l'exaspère.

Mme Rimbaud se tourne vers celle-ci.

« Tu es au courant de quelque chose ? lui demande-t-elle. Arthur avait un rendez-vous aujourd'hui, je ne sais pas, moi, avec Ernest par exemple ?

— Non, non, je ne crois pas, bredouille la jeune fille manifestement gênée. Il a dû... Il a dû aller chercher un livre à la maison et il va revenir. Tu sais bien comment il est. Sans lecture, lui... »

Mme Rimbaud pose un regard insistant sur sa fille : pourquoi a-t-elle les yeux humides ?

« Tu es sûre que tu ne me caches rien ?

— Mais non ! »

Et Vitalie se dissimule de nouveau derrière son livre.

« Bien, tranche Mme Rimbaud. Nous allons

l'attendre une demi-heure. S'il n'est pas là, nous rentrerons à la maison. »

Une demi-heure se passe, puis une heure entière. Arthur ne revient pas. On rassemble les affaires sous la bruine qui commence à tomber.

Les deux filles ont dîné et se sont couchées. Mme Rimbaud n'a rien pu avaler. Assise dans le grand fauteuil, elle fixe la porte d'entrée. Onze heures passées. Toujours pas d'Arthur. Elle a commencé par éprouver de la colère : si le petit drôle avait pointé le nez en début de soirée, elle l'aurait laissé dehors. Mais maintenant, les pensées les plus noires l'assaillent. N'y tenant plus, elle se lève, jette un manteau sur ses épaules et sort : elle arpentera toute la ville s'il le faut. Elle le retrouvera.

Elle marche d'un bon pas dans l'obscurité. Ses talons claquent sur le pavé humide. Les rues sont désertes, les volets clos, les portes barricadées. La peur de la guerre... Elle chasse ce mot, elle chasse la vision qu'il fait naître : Frédéric, soldat, dans une tranchée quelque part du côté de Sedan, ou en Alsace, là où la bataille fait rage. Arthur, enrôlé lui aussi, sans la prévenir ? Impossible ! « *Le patrouillotisme... Ma patrie se lève, moi, j'aime mieux la voir assise*[1]... » Ces railleries la réconfortent. Arthur ne peut s'être engagé... Prisonnier alors ? Le pays est infesté d'Allemands. Ils

---

1. *Lettre de Rimbaud à Georges Izambard,* 25 août 1870, in *Arthur Rimbaud,* Éd. Laffont, 1992, p. 225.

occupent Boulzicourt, une localité à dix kilomètres de Charleville. On raconte qu'ils pillent, violent, tuent... Elle active la cadence : les deux filles sont seules à la maison.

Première étape : la rue Bourbon. Arthur s'y promène souvent. Il a toujours eu la nostalgie de ce quartier. Pas un seul réverbère n'est allumé, les restrictions sont plus sensibles dans ce coin-là. Une odeur de moisi la saisit à la gorge et voilà que la pluie s'en mêle. Il n'y a pas un bruit, rien. Les enfants qui d'habitude traînent en guenilles sur les trottoirs ont disparu. Les ouvriers ne prennent pas le frais dehors comme à l'ordinaire. Tout est calme, sinistre, signe de mort.

Elle quitte la rue Bourbon, une idée lui a traversé l'esprit. Comme n'y a-t-elle pas pensé plus tôt ? Le cours d'Orléans, la chambre de Georges Izambard, c'est là qu'elle aurait dû se rendre d'abord. Arthur y est sûrement. Plongé dans quelque lecture, il aura oublié l'heure. Elle lève la tête vers la petite fenêtre au second étage : pas de lumière. Peu importe, elle monte et frappe à la porte. Personne ne répond. Pas le moindre bruit ne vient de l'autre côté. Elle saisit la poignée et tente d'ouvrir, mais la porte est fermée à double tour.

Elle redescend à toute vitesse et poursuit sa course. Elle relève le col de son manteau : la pluie redouble, il fait froid. Fin août et c'est déjà l'automne à Charleville. En octobre, Arthur aura seize ans...

Place Ducale. Un réverbère éclaire la statue du duc

de Nevers, sinistre dans la nuit, dominant le square vide. Elle continue. Est-ce la pluie qui lui fouette le visage, ou bien les larmes qui coulent sans qu'elle s'en rende compte ? Elle y voit de plus en plus mal. Place de la Gare. Un bruit la fait sursauter. Dans le kiosque, quelque chose a bougé. Elle s'approche et aperçoit un chat qui, fuyant dans le noir, a heurté une chaise. Une feuille de papier traîne à terre : ce n'est qu'une partition de musique, oubliée par l'orchestre militaire... Ç'aurait pu être un poème, tombé de la poche d'Arthur, une preuve qu'il n'y a pas si longtemps encore, il se trouvait là.

Elle quitte la place de la Gare et suit la promenade des Tilleuls. Les arbres dessinent des ombres gigantesques au-dessus d'elle qui marche tête baissée, comme si elle craignait qu'ils ne se penchent à son oreille pour lui confier un secret qu'elle n'aurait pas envie d'entendre... Une lumière, enfin, au bout de l'allée. C'est un café, le seul qui soit resté ouvert malgré la guerre. Elle qui n'a jamais franchi le seuil d'un café, elle entre sans hésiter. L'endroit est lugubre. Deux vieillards, assis à une table, jouent aux cartes. Un peu plus loin, un homme plutôt jeune boit une absinthe, son unique jambe allongée sur un tabouret. La guerre a fait sortir de leur tanière ceux qui ont l'habitude de se cacher : les invalides et les vieux. Après avoir embrassé d'un regard le reste de la salle vide, elle s'approche du bar : un tout jeune garçon essuie des verres en bâillant. De grands yeux bleus lui dévorent le visage, il doit avoir un an ou deux de moins qu'Arthur. C'est le fils de l'épicier. Son père est au front, alors il aide sa mère à tenir la boutique dans la journée, et le soir, il travaille au bar.

« Tu n'aurais pas vu mon fils par hasard ? Tu sais, Arthur, le plus jeune ? »

Le garçon fait non de la tête et reprend son travail. Sa mère a entrouvert le rideau et observe l'intruse. Elle n'a aucune envie de se montrer ni de lui parler. Qu'est-ce qu'elle vient faire ici, la Rimbaud, à cette heure ? De quoi se plaint-elle ? Son homme, ça fait longtemps qu'elle l'a perdu, elle. Et puis, ce n'est pas une cliente de l'épicerie.

Mme Rimbaud sort. Au-dessus de la porte, le grelot retentit pendant quelques secondes. Puis plus rien, le silence de nouveau. Ses pas la conduisent sur la place du Saint-Sépulcre. Elle s'arrête un instant devant les grilles du collège : il y a deux mois, elle en sortait, fière d'être la mère du meilleur élève de la ville, croulant sous les récompenses. Elle revoit aussi, quelques années auparavant, le petit garçon docile, en uniforme de collégien, qui venait glisser sa main dans la sienne lorsque sonnait l'heure de la sortie...

Après avoir longé les établissements de tannerie elle s'approche du quai : la barque du tanneur n'est plus là. Elle scrute la Meuse, noire, dernier refuge des noyés.

L'humidité lui transperce les os. La voilà bredouille après avoir traversé toute la ville. Il reste encore un espoir : les Delahaye. Arthur est peut-être chez Ernest. Emporté par une discussion, il aura décidé de passer la nuit chez lui. C'est dangereux d'aller là-bas : les Delahaye habitent juste avant Mézières et la ville est assiégée par les Allemands. Peu importe ! Elle s'enfonce dans la nuit, regardant droit devant elle, interdisant à sa pensée de vagabonder. Si elle ne pense pas, elle marche plus vite.

Après avoir parcouru des kilomètres, elle frappe à la porte des Delahaye. Personne. Elle insiste jusqu'à se meurtrir les doigts.

« Qui est là ? demande une voix apeurée.

— Mme Rimbaud. »

Quelques secondes qui lui paraissent une éternité, puis la porte s'ouvre.

« Entrez vite ! »

Mme Delahaye, en chemise, s'empresse de fermer la porte à double tour, non sans avoir jeté un coup d'œil effrayé dehors.

« Je cherche mon fils, Arthur », bredouille Mme Rimbaud. Elle a tellement froid qu'elle a du mal à articuler.

L'autre la regarde sans bienveillance : Ernest lui a souvent parlé de la mère de son camarade, jamais en termes flatteurs.

« Il n'est pas là, déclare-t-elle d'un ton sec. Il est très tard. Je suis seule avec Ernest, vous m'avez fait peur.

— Je le regrette. Pardonnez-moi d'insister, mais je

vous en prie, demandez à votre fils s'il ne l'a pas vu dans la soirée. Je suis morte d'inquiétude. »

Grelottante, à bout de nerfs, elle est au bord des larmes.

« Vous êtes venue de Charleville à pied ? »

Comme Mme Rimbaud acquiesce, l'autre semble soudain s'apercevoir de son désarroi.

« Asseyez-vous, je vous en prie, je vais faire un peu de feu et réveiller Ernest. »

Elle attise les braises dans la cheminée, quitte la pièce, puis revient sans tarder, accompagnée de son fils. En chemise, les yeux rouges de sommeil, celui-ci pose un regard ahuri sur Mme Rimbaud : recroquevillée sur elle-même, les cheveux trempés, le visage blême, c'est tout juste s'il reconnaît la fière bourgeoise.

« Sais-tu où est Arthur ? demande-t-elle aussitôt.

— Non, je ne suis pas allé à Charleville depuis une quinzaine à peu près.

— Et lui, il n'est pas venu te voir, ce soir ?

— Pas du tout.

— Je t'en prie, Ernest, dis-moi la vérité ! Est-ce que, ces derniers temps, il s'est confié à toi ? Est-ce qu'il t'aurait parlé d'un projet quelconque ? Par pitié, parle ! »

Mme Delahaye, touchée par le désespoir de cette femme qu'elle connaît à peine, presse son fils à son tour.

« Parle, Ernest, tu ne trahiras pas Arthur en disant ce que tu sais.

— Mais je ne sais rien, je vous assure, affirme le jeune garçon, ahuri.

— Vous pouvez le croire », conclut Mme Delahaye d'un air désolé.

Puis, comme Mme Rimbaud se dirige vers la porte, elle s'empresse d'ajouter :

« C'est le couvre-feu, il serait dangereux de repartir à cette heure. Passez la nuit ici !

— Je ne peux pas, mes filles sont seules à la maison, merci. »

Et elle s'en va, sans ajouter un mot.

Dehors, le silence de nouveau, l'obscurité, l'angoisse. À peine a-t-elle fait quelques pas qu'elle entend un bruit de bottes, des voix qui chuchotent. Elle se précipite sous un porche et se plaque contre une porte. Les voix se rapprochent, elles parlent une langue étrangère, c'est une patrouille allemande. Si on la découvre, c'en est fini. Elle attend, le cœur battant, retenant sa respiration, ses jambes la soutiennent à peine. Elle ferme les yeux : l'image d'Arthur se mêle à celle du capitaine, jeune... La patrouille passe sans la voir.

À bout de forces, elle se laisse tomber sur un fauteuil.

« Je ne l'ai pas trouvé », murmure-t-elle. Puis, apercevant soudain sa fille aînée dans la pièce :

« Que fais-tu debout à cette heure ? ajoute-t-elle. Il est presque trois heures du matin. »

Vitalie est en effet éveillée, assise près du feu, le visage serein. Plus rien ne transparaît de l'inquiétude qui la rongeait dans l'après-midi.

« Il est arrivé malheur à Arthur, poursuit Mme Rimbaud, j'en suis sûre. »

Vitalie vient s'agenouiller près d'elle et, lui prenant les mains :

« Il reviendra, dit-elle, ne t'inquiète pas. Moi, j'ai confiance, je sais qu'on nous le ramènera.

— "On" ? » répète Mme Rimbaud.

La jeune fille tourne la tête vers les flammes qui dansent dans l'âtre et sourit d'une étrange façon. Par mimétisme, Mme Rimbaud fixe le feu à son tour. Ses traits se détendent, ses yeux s'éclaircissent, puis elle fronce les sourcils, comme si elle essayait de distinguer quelque chose à travers les flammes.

Vitalie serre les mains de sa mère entre les siennes. Va-t-elle le voir ? Va-t-elle enfin apercevoir l'oiseau, elle aussi ?...

Mme Rimbaud se lève et éteint le feu.

« Il est trop tôt dans la saison, dit-elle. À ce train-là, nous n'aurons plus de bois pour l'hiver. Va te coucher maintenant ! Demain, j'avertirai la police. »

Vitalie se dirige à regret vers sa chambre. Avant de sombrer dans le sommeil, elle pense à son frère. Arthur s'est enfui. Elle l'a vu courir vers les collines. Mais il reviendra. Elle en est sûre. L'oiseau le lui a soufflé.

première fugue d'Arthur

12

Charleroi, indique le panneau. Arthur descend du train en catastrophe. Il déambule quelques instants sur le quai, parmi les voyageurs pressés, essaie vainement d'en accoster un, mais personne ne prend garde à ce jeune homme égaré.

Apercevant enfin le chef de gare :

« Ce train devait aller à Paris, demande-t-il, pourquoi s'est-il arrêté ici ?

— Toutes les lignes directes sur Paris sont coupées, répond l'employé. Les trains doivent prendre des voies détournées à cause de la guerre... La bataille va s'engager à Sedan, et elle sera rude », ajoute-t-il comme pour lui-même.

Arthur jette un coup d'œil autour de lui : les quelques voyageurs qui se hâtaient tout à l'heure ont disparu.

Ce quai de gare perdu au fin fond de la Belgique est sinistre.

« Comment faire pour se rendre à Paris ? Il n'y a aucun moyen ? insiste-t-il.

— Si, il y a une correspondance sur le quai d'en face. Prenez votre supplément au guichet, là, mais faites vite, le train part dans cinq minutes. »

Il se précipite vers le guichet que lui a indiqué le chef de gare. « Supplément pour Paris, 13 francs »... Il met machinalement ses mains à ses poches, tout en sachant qu'elles sont vides, il n'a plus le moindre sou. L'argent qu'il possédait a servi à payer le billet, à Charleville. Treize francs, une vraie fortune ! Et le train qui part dans quelques minutes ! En face de lui, l'employé du guichet relève sa vitre :

« Aller simple ou aller-retour ? » demande-t-il.

Un long sifflement retentit. En face, sur le quai, la locomotive crache une fumée noire, le sifflet à vapeur crie, les roues s'ébranlent, le train démarre.

Les treize francs, il ne les a pas. Et il n'a plus le temps de réfléchir. Tandis que le train commence à prendre de la vitesse, il traverse la voie ferrée et court à toutes jambes, le plus vite possible, il tend le bras, saisit la rambarde de fer, s'y accroche si fort qu'il a l'impression que son épaule va s'arracher. Il saute. Heureusement, la porte du wagon n'est pas fermée.

Propulsé à l'intérieur, il s'écroule par terre, hors d'haleine.

Après avoir repris son souffle, il regarde le paysage défiler derrière la vitre : dans quelques heures, il verra apparaître les environs de Paris. Paris, cette fois, il y va ! Il se lève et, le cœur léger, s'avance dans le couloir. Négligemment adossé à la porte du premier compartiment, un homme en habit, jeune et élégant, fume et se tourne de temps en temps vers une femme, assise sur la banquette, un bébé dans les bras, son épouse sans doute. En passant, Arthur croise le regard de la jeune femme. Il la trouve jolie. Mais comme elle pose un œil amusé sur son pantalon trop court qu'il a sali dans sa course, sa veste débraillée, ses cheveux en bataille, il s'éloigne en rougissant.

Le second wagon est vide. Soulagé, il ouvre la fenêtre juste au moment où la locomotive pousse un hurlement strident. Il s'amuse à crier en même temps, et comme le bruit du moteur couvre sa voix, il crie de plus en plus fort, jusqu'à se faire mal à la gorge. Puis il éclate de rire. Il penche la tête au-dehors, l'air encore chaud le frappe au visage, la poussière lui pique les yeux et l'oblige à fermer la bouche, lui faisant faire une drôle de grimace... Après un long moment, il se décide à fermer la fenêtre. Il respire un bon coup. Il se sent bien. C'est donc si facile de voyager ? Le matin, on est à Charleville, et le soir, à Paris.

Quel magnifique paysage ! Jamais la campagne ardennaise ne lui a paru si riante, si belle, lui qui l'a toujours eue en horreur. Elle s'est parée des couleurs de l'été finissant : le vert des prairies joue avec le jaune des tournesols, puis surgit un champ de coquelicots, rouge... Oui, cette fois, les couleurs se mêlent, elles cognent au carreau : la poésie est là, avec lui, qui se dirige vers Paris. Là-bas, il rencontrera des poètes, des écrivains, il se délectera aux devantures des librairies. Il n'a qu'une adresse en tête : 18 rue Bonaparte, *La Librairie artistique,* qui publie les œuvres de Paul Demeny, l'ami de Georges Izambard. Il va déposer ses poèmes. Ils sont là, dans sa poche, c'est son seul bagage. Et Demeny le guidera dans Paris. Peut-être, grâce à lui, arrivera-t-il à rencontrer enfin les Parnassiens, à se faire éditer ? Par la suite, il écrira à Izambard à Douai, pour qu'il le rejoigne.

Trop de rêves, trop de projets, il en est presque saoul. Il entre dans le compartiment vide et s'affale sur la banquette. Les pieds appuyés au mur, il fixe ses chaussures crottées et s'endort aussitôt, sans la moindre pensée pour sa mère, ses sœurs. Il est libre, enfin.

Un brusque coup de freins le fait tomber de la banquette. Il se relève, tout engourdi de sommeil.

Dehors, la nuit est tombée. Quelques voyageurs, bagages en main, stationnent dans le couloir et s'apprêtent à descendre. Il prend place au bout de la file et attend son tour, les yeux rivés sur la fenêtre de nouveau. Le quai de la gare du Nord fourmille de monde, son cœur bat à tout rompre. Comme il lui tarde d'être dehors ! Soudain, il aperçoit le contrôleur qui se tient à la descente du train.

« Billet s'il vous plaît !... Merci ! »

Le contrôle des billets. Comment l'éviter ? Devant lui se tient la jeune femme au bébé qu'il a croisée. Le nourrisson le fixe en grimaçant puis pousse un cri. Comme si c'était un signal, Arthur fait brusquement demi-tour et file à toutes jambes à l'autre bout du wagon.

« Hé là ! riposte un homme qu'il a bousculé au passage. Vous pourriez pas faire attention ?

— Que se passe-t-il ? s'enquiert le contrôleur.

— Ce gamin, là, vous avez vu comme il court ? J'espère qu'il ne m'a rien volé, ajoute l'homme en tâtant ses poches. Il a l'air louche. »

Arthur n'entend pas la suite et s'apprête à descendre.

« Billet ? »

Un second contrôleur se tient sur le quai.

« Euh... oui, tout de suite, bredouille Arthur, faisant mine de chercher dans ses poches.

— Alors ? demande le contrôleur qui commence à s'impatienter.

— Euh... ça, c'est trop bête, j'ai dû égarer mon billet. Pourtant, je vous assure, je l'ai pris à Charleroi. Il a dû tomber par terre dans le compartiment, je vais aller vérifier. »

À peine s'est-il retourné qu'il se retrouve nez à nez avec le premier contrôleur qui lui bloque le passage.

« Alors comme ça, on n'a pas de billet ?... Méfie-toi, il a essayé de s'enfuir tout à l'heure, ajoute-t-il à l'intention de son collègue. C'est sans doute un voleur. »

Aussitôt, il fouille les poches d'Arthur, trop ahuri pour protester, mais, ne trouvant rien de suspect :

« Tu as des bagages ? poursuit-il.
— Non.
— D'où viens-tu ?
— De Charleroi. C'est là que j'ai pris une correspondance, mais j'habite Charleville-Mézières. »

Le contrôleur lance un regard entendu à son collègue qui, aussitôt, s'éloigne.

« Où vas-tu à Paris ? Quelle adresse ? Tu as de la famille ici ?
— Non, personne.
— Où comptes-tu loger, à l'hôtel ?
— Je ne sais pas encore. »

Sans cesser de dévisager son interlocuteur, le contrôleur marque un temps d'arrêt.

« Bon, reprend-il, treize francs de supplément de Charleroi à Paris, plus deux francs de fraude, cela fait quinze francs. »

Arthur regarde avec dépit la main que lui tend le contrôleur. Puis, sans même faire semblant de chercher dans ses poches :

« Je n'ai rien, avoue-t-il, pas un sou.
— Allez ! Embarquez-moi ça ! »

Deux gendarmes, que le second contrôleur est allé chercher, encadrent le jeune garçon. Stupéfait, celui-ci reste immobile tandis qu'ils lui passent les menottes.

« Vous m'arrêtez ? bredouille-t-il. Mais pourquoi ? Vous n'avez pas le droit ! »

Les gendarmes ne disent mot et le font descendre. Ils fendent la foule sur le quai. On s'écarte pour les laisser passer, on tourne la tête sans trop de surprise sur le jeune prisonnier, puis on poursuit son chemin. Arthur tente vainement d'accrocher le regard d'un passant comme si, par miracle, quelqu'un pouvait le reconnaître et plaider en sa faveur.

À la sortie de la gare, sur le boulevard Magenta, la foule est encore plus dense, il y a beaucoup de bruit, de lumière, malgré l'heure avancée. Apercevant la voiture de police qui lui est destinée, Arthur a un sursaut de révolte. Fou de rage, il donne des coups de pied, des coups de poing, à l'aveuglette. Mais l'enfant qu'il est encore se révèle bien facile à maîtriser. Sans le moindre effort, les gendarmes le traînent, le soulèvent et le jettent à l'intérieur de la voiture sans fenêtres. À l'avant, une minuscule lucarne laisse à peine deviner le chapeau du cocher.

« Où m'emmenez-vous ? demande Arthur.

— La ferme ! » lance l'un des gendarmes.

Il fixe ses geôliers d'un œil farouche. Le trajet dure une éternité. Enfermé dans cette cage ambulante, il n'entend que le trot du cheval, le fouet du cocher qui claque, ou la voix d'un crieur de journaux. C'est Paris...

La voiture s'arrête enfin et les gendarmes le poussent dehors, vers une grande porte : « Dépôt de Préfecture ».

Après un long couloir sombre et sale, on le fait entrer dans une pièce minuscule, qui sent le renfermé, sinistre sous le faible éclairage d'une lampe à pétrole. Un homme, assis à un bureau branlant, appose des cachets sur une pile de feuilles. Il porte un mince collier de barbe noire, un binocle, un habit noir dont la veste élimée, boutonnée jusqu'au cou, flotte un peu. Maigre et sec, le teint jaunâtre, il est sans doute moins vieux qu'il ne paraît.

Les gendarmes attendent que l'homme daigne leur faire signe. Au bout d'un moment, celui-ci abandonne son travail et lève la tête.

« Qu'est-ce que c'est, encore ? » demande-t-il.

Tandis que l'un des gendarmes s'approche et lui murmure quelque chose à l'oreille, l'homme en noir, derrière son lorgnon, fixe le jeune prisonnier : son regard se pose avec insistance sur les gros godillots crottés, le pantalon sale, la veste déboutonnée, déformée par des poches trop remplies, puis remonte jusqu'aux yeux bleu dur, butés.

« Intéressant, marmonne-t-il en congédiant d'un geste le gendarme. Nous allons voir ça. Approche ! » ordonne-t-il à Arthur.

Comme celui-ci reste immobile, l'autre gendarme le pousse violemment vers le bureau.

« Nom, prénom, âge, adresse !

— Rimbaud, Arthur, dix-huit ans. »

L'homme en noir, un sourire ironique aux lèvres, dévisage le jeune garçon : sa peau est imberbe, lisse, un peu rosée.

« Dix-huit ans, vraiment ? répète-t-il. Tu viens de Charleville, me dit-on.

— Oui.

— Oui, monsieur le juge, reprend l'homme un ton au-dessus. Adresse à Charleville et nom des parents ! »

Arthur ne répond pas.

« Alors ?

— Je n'ai rien à vous dire.

— Tu crois ça ? Et ici, quelle est ton adresse ici ? »

Arthur baisse les yeux.

« Bon ! reprend le juge. Vagabondage à Paris, et tu prétends venir de Charleville... Charleville, cité frontalière, ajoute-t-il en échangeant un regard complice avec l'un des gendarmes. Tu ne veux pas donner ton adresse à Charleville, parce que tu n'en as pas, parce qu'en fait, tu ne viens pas de Charleville, mais d'un peu plus loin, vers l'est ! Tu viens de Prusse !

— Mais pas du tout ! crie Arthur. Qu'est-ce que vous allez chercher ?

— Je t'ai déjà dit de m'appeler monsieur le juge ! » crie l'homme à son tour en frappant du poing sur le bureau.

Il rajuste sa veste dont une manche s'est relevée, se redresse sur sa chaise, puis continue d'une voix plus douce :

« Si tu me donnes le nom et l'adresse de tes parents, je pourrai peut-être croire que tu viens vraiment de Charleville. »

L'image de sa mère ouvrant la porte à la police traverse l'esprit du jeune garçon qui demeure obstinément muet.

« Je suis décidé à te laisser une seconde chance, insiste le juge. Si tu me dis qui t'envoie à Paris et la mission dont tu es chargé, on tâchera de s'arranger par la suite. »

Arthur le regarde un instant, stupéfait. Puis il laisse éclater sa fureur.

« Mais enfin, de quelle mission parlez-vous ? Je ne comprends rien à ce que vous racontez.

— Si tu préfères la manière forte, mon petit monsieur, je n'y vois pas d'inconvénient... Videz-lui les poches ! »

L'un des gendarmes maîtrise Arthur qui se débat furieusement tandis que l'autre jette sur le bureau deux épais carnets, dont les feuillets sont noircis d'une écriture fine et serrée, une fleur fânée cueillie sur les bords de la Meuse juste avant le départ, et une plume cassée. Le juge s'empare de l'un des carnets et commence à le feuilleter.

« Ma parole ! s'écrie-t-il, c'est aussi illisible que des hiéroglyphes.

— Ne touchez pas à ça ! » bougonne Arthur, les dents serrées, le visage écarlate.

Se précipitant sur le juge, il tente de lui arracher les carnets des mains, mais le gendarme le tire aussitôt en arrière et lui coince les bras derrière le dos.

« Ces carnets sont donc si précieux ? raille le juge.

— Pour moi, oui, uniquement pour moi ! Ce sont des poèmes ! »

Le juge éclate d'un méchant rire.

« Des poèmes, vraiment ? Tu crois que je vais avaler ça ? Comme si l'heure était à la poésie ! »

Il tourne de nouveau les pages avec attention puis, d'un air triomphant, en arrache une feuille.

« Et ça ! s'exclame-t-il en l'exhibant d'un geste théâtral. Qu'est-ce que ça veut dire ? Ce n'est pas du français.

— *Credo in unam*[1] », soupire Arthur qui connaît par cœur le contenu de ses carnets.

Puis, d'une voix cinglante : « C'est du latin, monsieur le juge d'instruction qui n'a pas l'air d'avoir jamais été instruit. C'est du latin et c'est le titre d'un poème. »

D'un mouvement violent, le gendarme lui tord un peu plus les bras dans le dos. Arthur ne peut retenir un cri de douleur.

« Du latin, sûrement », reprend le juge d'un air

---

1. *Credo in unam,* in *Rimbaud, Poésies,* Éd. G. F., 1989, p. 53.

entendu. Il feuillette encore quelques pages, s'arrête un long moment, puis demande :

« C'est la première fois que tu viens à Paris ?

— Oui.

— Faux ! Nouveau mensonge ! »

Il arrache la feuille qu'il vient de lire et s'écrie :

« Si c'est vraiment la première fois, pourquoi y a-t-il écrit ici : *"Palais des Tuileries, vers le 10 août 92"*[1] ? »

Arthur est pris d'un fou rire nerveux.

« Tout ça est de plus en plus ridicule ! C'est une simple épigraphe à un poème, une invention ! Si j'étais venu à Paris en 1792, j'aurais quatre-vingts ans !

— Allez, allez, mon petit monsieur, je commence à en avoir assez de tes impertinences. C'est un message codé et tu vas me dire tout de suite ce que ça signifie ! »

Arthur, désemparé cette fois, jette un regard de bête traquée sur le gendarme, mais celui-ci ne semble même pas avoir suivi la discussion.

« Encore une fois, répète-t-il, à bout de nerfs, c'est un poème ! J'imagine un dialogue entre un forgeron et Louis XVI, devant le peuple...

— Le peuple ? interrompt le juge. Sentiments révolutionnaires, à ajouter au tableau, je prends note. Et ça ? demande-t-il en ouvrant le second carnet. Encore une langue étrangère !

---

1. *Le Forgeron, op. cit.*, p. 66.

— *Vénus Anadyomène*[1], murmure Arthur au bord des larmes, un titre de poème, c'est tout ! »

Le juge referme les carnets et les range dans un tiroir.

« Mais, bredouille Arthur, vous allez me les rendre, n'est-ce pas ?

— Lorsque tu te montreras plus coopératif... Emmenez-le à Mazas ! ordonne-t-il aux gendarmes.

— Mazas ? Qu'est-ce que c'est ?

— Une prison.

— Vous m'emprisonnez ? Mais ce n'est pas possible ! Pour quel motif ?

— Espionnage !... Allez ! Emmenez-le ! »

On lui a retiré sa veste et son pantalon de drap bleu ardoise. Il a enfilé un méchant costume au tissu épais, sale et rêche. Recroquevillé dans un coin de la cellule, assis à même la terre battue qui sent le moisi et l'urine, il attend, les yeux grands ouverts dans le noir. À intervalles réguliers, le silence est interrompu par les cris d'un détenu, enfermé dans la cellule voisine. Les pas du gardien résonnent dans le couloir, rythmés par le cliquetis d'un trousseau de clefs. Une serrure gémit, une porte grince, le gardien jette un ordre, puis tout se tait de nouveau.

Il claque des dents, il a peur, il a froid. Quelque chose vient de frôler ses pieds : un rat, sans doute. Il

---

1. *Vénus Anadyomène, op. cit.*, p. 82.

frissonne de dégoût, puis sursaute : une goutte d'eau est tombée sur son front. Au-dessus de lui, le plafond bas suinte d'humidité. Combien de temps va-t-on le laisser croupir en prison ? Et si on l'oubliait ici ?... Il a fui Charleville pour Paris, mais Paris n'est qu'un immonde trou noir et il se languit de la campagne ardennaise qui lui apparaît soudain comme une terre de soleil.

Il pense à ses sœurs, à sa mère surtout. Il a envie de la voir. Elle doit être si inquiète. Si on lui accorde le bonheur de la revoir, il se jure en lui-même que plus jamais il ne lui causera de soucis. Oui, il va reprendre ses études et travailler dur, c'est promis. Il l'imagine, assise dans le grand fauteuil, tricotant ou cousant, il voit les longs doigts agiles qui accrochent les reflets du feu dans l'âtre. Le vieux foyer de Charleville...

Derrière les barreaux de la cellule pointent les premières lueurs de l'aube.

« Maman », murmure-t-il. Et il s'endort enfin.

Le gardien a déposé un bol de bouillon devant son prisonnier. Il le regarde, étonné. Que fait là ce gosse ? Mazas enferme des auteurs de délits graves, des criminels, de la racaille, des voleurs qui tueraient père et mère pour de l'argent. Mais lui, comment a-t-il pu arriver ici ? Un bras replié sous la tête, il dort d'un profond sommeil et ses longs cils font une légère ombre sur ses joues pâles. La tenue de prisonnier est trois fois trop grande pour lui. Le gardien secoue tout doucement le gamin qui ouvre péniblement les yeux puis, effrayé, recule et se blottit contre le mur.

« N'aie pas peur, mon gars. Bois, tant que ce n'est pas tout à fait gelé ! »

Arthur observe à son tour le gardien : il est assez âgé, un peu bedonnant, les boutons de sa veste menacent de sauter sous la pression d'un ventre trop rond, ses joues pleines sont un peu couperosées, son regard bienveillant. Un bon bougre apparemment.

Arthur, qui n'a rien avalé depuis vingt-quatre heures, lampe son bouillon d'un trait puis fixe avec regret le bol vide.

« Je me débrouillerai pour t'apporter du supplément tout à l'heure, dit le gardien, bonhomme.

— Quand va-t-on me libérer ?

— Je n'en sais rien, mon garçon ! s'exclame le gardien avec un geste d'impuissance. Il faut croire que cette guerre les a tous rendus fous. Ils te prennent pour un espion prussien. Tu parles d'un espion ! Tu as encore les langes aux fesses.

— Je vous en prie, supplie Arthur. Apportez-moi une plume et du papier, il faut absolument que j'écrive à quelqu'un qui peut me sortir d'ici.

— Je vais voir ce que je peux faire. Garde espoir, mon gars ! »

Arthur fixe un instant la porte qui s'est refermée sur le gardien. Puis il se lève et fait quelques pas vers la minuscule lucarne qui, en haut du mur, laisse passer une moitié de jour. Il tâtonne un peu, trouve des aspérités sur la paroi, s'accroche, pose les pieds et grimpe pour arriver jusqu'à la fenêtre. Il saisit les barreaux et tente d'apercevoir quelque chose au travers. Mais il ne voit rien, rien qu'un bout de façade délabrée et un panneau affichant : *Diderot. Boulevard Diderot.* Toute la journée, il va rester là, les yeux rivés sur ce nom.

« *À Georges Izambard.*
Paris, 5 septembre 1870

Cher monsieur,
Ce que vous me conseilliez de ne pas faire, je l'ai fait : je suis allé à Paris, quittant la maison maternelle ! J'ai fait ce tour le 29 août. Arrêté en descendant de wagon pour n'avoir pas un sou et devoir treize francs de chemin de fer, je fus conduit à la préfecture et aujourd'hui, j'attends mon jugement à Mazas ! Oh ! – J'espère en vous comme en ma mère ; vous m'avez toujours été comme un frère : je vous demande instamment cette aide que vous m'offrîtes. J'ai écrit à ma mère, au procureur impérial, au commissaire de police de Charleville ; si vous ne recevez de moi aucune nouvelle mercredi, avant le train qui conduit de Douai à Paris, prenez ce train, venez ici me réclamer par lettre, ou en vous présentant au procureur, en priant, en répondant de moi, en payant ma dette ! Faites tout ce que vous pourrez, et, quand vous recevrez cette lettre, écrivez, vous aussi, je vous l'ordonne, oui, écrivez à ma pauvre mère (Quai de la Madeleine, 5, Charleville), pour la consoler. Écrivez-

moi aussi ; faites tout ! Je vous aime comme un frère, je vous aimerai comme un père.

Je vous serre la main.

Votre pauvre

*Arthur Rimbaud
détenu à Mazas*[1].
(Et si vous parvenez à me libérer, vous m'emmènerez à Douai avec vous.) »

Trois jours sont passés et il n'a reçu aucune réponse à ses lettres. Va-t-on l'abandonner ici, en prison ? Que fait sa mère ? Que fait son professeur ?

Il va entamer sa dixième nuit de prison. Le gardien lui a laissé une bougie, il s'est débrouillé pour récupérer ses carnets. À la préfecture, on a enfin reconnu qu'ils n'avaient rien à voir avec le matériel d'un espion. Cette nuit, il va pouvoir écrire. Avec les mots, il va pouvoir s'enfuir. « *Morts de quatre-vingt-douze et de quatre-vingt treize*[2] »... Tandis que sa plume court sur le papier, un coup de vent subit éteint la bougie. Une minute ne s'est pas écoulée que la cellule se trouve baignée d'une étrange lumière bleue : l'oiseau.

« Baou. »

Il répondra donc toujours à son appel ?...

« Raconte encore le voyage ! Raconte ! Comme tu

---

1. *Lettre de Rimbaud à G. Izambard,* in *Arthur Rimbaud,* Éd. Laffont, 1992, p. 227.
2. Poème sans titre, écrit à Mazas le 3 sept. 1870 in *Rimbaud, Poésies,* Éd. G. F., 1989, p. 94.

l'as fait lorsque ma pauvre mère m'avait enfermé dans le grenier. »

Cette dixième nuit sera sans sommeil.

Comme chaque matin à l'aube, le gardien pousse la porte de la cellule. Tandis que le jeune prisonnier ouvre péniblement les yeux, il s'efface et fait entrer un homme, vêtu d'un élégant complet trois pièces. Derrière la paire de lorgnons, son regard est un peu désapprobateur, mais bienveillant.

« J'ai acquitté la dette de quinze francs, dit Georges Izambard. Tu es libre, Arthur. Je t'emmène chez mes tantes, à Douai. »

13

Deux voyageurs descendus du train en provenance de Douai arpentent le quai désert de la gare de Charleville. Deux voyageurs, pas un de plus. Et l'un d'entre eux n'est que de passage.

Ils font quelques pas en silence. Brusquement, Arthur s'arrête et, se tournant vers Georges Izambard :

« Il y a un départ pour Douai dans un quart d'heure, dit-il. Prenez-le ! Ne perdez pas davantage de temps, je vais rentrer seul. Embrassez vos tantes pour moi ! Elles ont été si... »

Il ne peut poursuivre. L'émotion est trop forte. Oppressé par l'air de Charleville qu'il ne respire que depuis quelques minutes à peine, il déboutonne le col de sa chemise, amidonné par les soins des demoiselles Gindre. Durant le mois qu'il vient de passer à Douai, elles l'ont choyé avec tant de tendresse...

Là-bas, au premier étage de la petite maison, il avait sa chambre, son bureau, son lit. Les draps parfumés à la lavande, l'odeur des bons plats qui venait lui chatouiller les narines, le sourire des vieilles demoiselles, lorsque, grattant à sa porte, elles venaient annoncer le dîner, les veillées au coin du feu, les discussions avec son professeur, les nuits entières passées à écrire. Tout lui revient en vrac. Et il a une boule dans la gorge.

Il n'a pas envie de rentrer. Il n'a qu'un désir : repartir. Tandis que, d'un geste un peu gauche, il tend la main pour prendre congé, Izambard l'entraîne vers la sortie.

« Je dois vous raccompagner à votre porte. Je l'ai promis à votre mère, vous savez bien. Toutes les lettres qu'elle m'a adressées depuis votre sortie de prison...

— Puisque vous y tenez. »

Le trajet de la gare jusqu'au quai de la Madeleine se fait dans le silence. Les arbres alignés sur la promenade, la statue du duc de Nevers, le couvent du Saint-Sépulcre, le collège, l'église, tout est à sa place. Rien n'a changé. Charleville, toujours aussi triste. On dirait que les monuments, au détour d'une rue, posent un regard désapprobateur sur l'enfant prodigue. Là-bas, sur le trottoir d'en face, un camarade de collège s'apprête à le saluer. Sa mère l'en empêche... C'est que

le petit Rimbaud a fait une fugue, la police l'a arrêté !
C'est une honte !

« *La Madelomphe,* n° 5 ! »

Arthur se plante devant la porte de l'immeuble.

« Je monte avec vous », dit Georges Izambard en le poussant doucement sous le porche.

Il s'engage dans l'escalier. L'odeur d'encaustique le saisit à la gorge. Le bois craque sous ses pieds. Un son qu'il entend pour la énième fois. Un son qu'il voulait oublier. La porte s'ouvre sans qu'il ait eu besoin de frapper et Vitalie se jette dans ses bras.

« Arthur ! Arthur ! » répète-t-elle, sans trouver d'autres mots pour exprimer sa joie.

Lui, il la serre très fort. Le visage enfoui dans sa chevelure qui sent bon la fleur d'arnica, il parviendrait presque à sourire.

« Laisses-en un peu pour les autres ! » lance une voix.

Et à son tour, Isabelle vient embrasser son frère. Les deux jeunes filles saluent rapidement Georges Izambard, puis s'éclipsent avant même que Mme Rimbaud ne leur en donne l'ordre. Elle est restée assise dans le grand fauteuil, un long moment. Puis elle s'est levée, a fait quelques pas. Et la voilà à présent debout face à son fils, qui plonge son regard dans le sien, sans dire un mot. Il la trouve vieillie : des rides minuscules marquent le contour de ses yeux et deux légers sillons, au coin de la bouche, lui donnent une expression triste et sévère. Il sait ce qu'elle s'apprête à faire, il s'y attend, et pourtant, il ne bouge pas d'un pouce...

La gifle a été si violente que Georges Izambard en a sursauté.

« File dans ta chambre. Tu resteras au pain sec pendant deux jours. »

Arthur obéit sans même prendre congé de son professeur. Le jeune fugueur est puni. De nouveau, il doit se soumettre à l'autorité de la mère. Plus question de se rebeller. Pour l'instant du moins.

Un long, très long silence s'ensuit.

« Si je puis me permettre, madame, finit par balbutier Georges Izambard, il me semble que... C'est un peu délicat à dire, mais vous n'agissez pas avec Arthur comme il le faudrait. S'il a fait cette fugue...

— Monsieur, avec tout le respect que je vous dois, vous n'avez rien à vous permettre. Je n'ai aucune leçon, aucun conseil à recevoir de vous. Je m'étais juré que s'il avait tardé plus, je n'aurais pas ouvert à ce petit drôle. Je l'accepte de nouveau chez moi, et c'est déjà beaucoup. Il y a une chose que j'ai sur le cœur depuis longtemps et il faut que je vous la dise. Sachez, monsieur, que je vous rends responsable de tout ce qui s'est passé. Cet enfant était sage et tranquille avant de vous connaître. C'est vous qui lui avez soufflé la folle idée d'aller à Paris.

— Enfin, madame...

— Je ne veux rien entendre de plus », conclut

Mme Rimbaud en ouvrant la porte. Puis, tendant une enveloppe :

« Tenez ! Voici les dix francs que je n'ai pu vous envoyer par mandat à Douai. Cela remboursera les frais qu'Arthur vous a occasionnés.

— Assez, madame. S'il n'avait tenu qu'à moi, j'aurais gardé Arthur chez moi. »

Après un bref salut, Izambard s'empresse de sortir.

Mme Rimbaud se dirige vers la fenêtre et surveille la rue, jusqu'à ce que la silhouette du professeur ait disparu. Puis elle s'éloigne, rassurée. Elle n'a rien vu, une fois de plus. L'oiseau, posé là, tout près, sur une branche du marronnier. L'oiseau, elle ne l'a pas vu.

14

Un rayon de soleil s'insinue à travers le toit percé, chatouille ses narines. Allongé tout habillé sur la paillasse, Arthur marmonne un juron, se retourne, cherche un bout de couverture pour se protéger de la lumière... Mais le sommeil s'est enfui. Il ouvre les yeux : Ernest dort à même le sol, tombé du lit pendant la nuit.

Il se dirige vers la petite table couverte de feuillets manuscrits, de livres restés ouverts, en panne. Il bâille. La nuit a été trop courte. Ernest est venu le chercher vers dix heures : tout le monde dormait, la mère ne s'est aperçue de rien. Enfermés dans leur cabane, ils ont écrit des vers satiriques. Les poèmes composés à deux mains, chiffonnés, traînent à terre, parmi les mégots de cigarettes. Ils ont parlé, écrit, fumé aussi, beaucoup. Le paquet rose est vide.

Ernest ronfle. Amusé, Arthur sourit, puis pousse la porte. C'est l'aube, l'heure première, indicible, celle qu'il préfère.

Il fait encore frais en ce début octobre, mais le soleil pointe et s'amuse à faire jouer dans le feuillage des arbres les couleurs ocre de l'automne, annonçant une belle journée. Une de celles qui renouent momentanément avec l'été.

Un tapis de feuilles mortes se déroule à ses pieds. Là-bas, à l'orée du bois, la Meuse se poursuit jusqu'à la ligne des forêts. À l'opposé, les collines de Mézières et ses fortifications ; Charleville et ses rangées de toits d'ardoise, alignées au creux de la vallée... Il marche d'un pas ferme. Soudain, les couleurs de l'automne éclatent, illuminent le bois : Baou... Il vole à tire-d'aile vers la forêt. Alors, le nez en l'air, les yeux rivés sur l'oiseau, des rêves plein la tête, il accélère. Bientôt, il va courir... Devant lui : la forêt, avec ses créatures légendaires et mystérieuses. Derrière : « *La Madelomphe, La Bouche d'ombre* »... Le choix est fait. Il se retourne une dernière fois sur la porte de la cabane. Ernest dort toujours. C'est lui qui devra affronter la mère pour lui expliquer que... ça y est, il est reparti. Tant pis. On en reparlera au retour. Si retour il y a.

Il a marché sans trêve, toute la journée, suivant la route que là-haut, l'oiseau traçait dans le ciel.

Il a trotté par les petits sentiers en se nourrissant de mûres ou de fraises des bois, et il se sentait des ailes dans le dos. Car dans son dos, Charleville s'éloignait un peu plus à chaque pas. Il a traversé des villages dont les noms l'ont fait rire : Vonq, Warck, Wamécourt, Le Theux. Des noms qui ressemblent à des onomatopées.

Tandis que le soir qui tombe s'apprête à clore cette première journée de fuite, il chemine encore, picoté par les blés, rêveur, laissant le vent baigner sa tête nue. Il ne parle pas, il ne pense rien. Il s'en va simplement dans la Nature.

Les environs d'une petite cité calée dans un méandre de la Meuse apparaissent bientôt : Fumay. Il lui faut trouver un endroit où dormir. Loin des hommes, loin des usines. Un petit chemin le conduit jusqu'à un bois de noisetiers : le ciel sera son toit, un tas de bruyère lui servira de couverture et le frou-frou des étoiles le bercera.

Il s'accroupit au bord d'un ruisseau, boit avec avidité, puis s'allonge et observe le ciel. Un brouillard s'est levé, enveloppant de brumes les arbres et les fleurs. Au loin, l'orage gronde, menaçant, il se rapproche et soudain, une pluie de tempête s'abat sur le bois. Le vent, de là-haut, jette des glaçons. Alors il se lève et se met à danser sous les trombes d'eau qui fouettent son corps. Il marche, les bras en croix, la tête renversée, la bouche ouverte pour avaler la pluie, gober cette liqueur d'or. Il titube, saute à pieds joints dans les flaques. L'orage redouble de violence. Mais il s'en moque. Il se sent fort. Aussi fort que la Nature.

Pendant une heure, deux, peut-être plus, il brave l'orage. Le temps n'importe plus, le temps n'est plus son ennemi. Car l'ennui est banni.

Lorsque, enfin, l'épuisement le gagne, il va s'abriter sous un arbre. Là, bercé par les battements de la pluie sur l'écorce, grisé par l'odeur du bois trempé, ivre, il s'endort. Heureux.

L'eau qui goutte du tronc d'arbre le force à ouvrir les yeux. Il est fourbu. Tous les membres lui font mal. Mais c'est l'aube. C'est son heure. Alors il se lève.

Son estomac jette un cri de détresse. Il ramasse une poignée de noisettes qu'il grignote, accroupi au bord du ruisseau. Il aperçoit son reflet dans l'eau : le tissu de sa veste est si usé qu'on voit au travers ; sa culotte a un large trou ; ses chaussures n'ont plus de lacets, rien que deux élastiques tout élimés. Il éclate de rire...

Il s'allonge, il a encore sommeil. Il voudrait rêver.

« Baou ! »

Un battement d'ailes, un léger sifflement... Le voilà. Alors il ferme les yeux et le souffle tiède de l'oiseau sur sa joue appelle un sommeil peuplé de visions...

Il se voit suivant une route où les arbres parlent, les fleurs disent leur nom... Il traverse un bois de lauriers, puis s'enfonce dans les profondeurs de la forêt. Les sapins se dressent au-dessus de lui, telle une armée de géants et soudain, s'écartent : là-bas, au loin, une immense cascade rugit dans un bruit de tonnerre. Elle scintille sous le soleil comme une gigantesque chevelure blonde. Et sous cette chevelure sans fin, se dessine un corps. Haut comme un chêne. Plein de rondeurs argentées. Dominant les clochers et les dômes : « *Circeto*[1] »... La déesse... Il tend les bras vers elle pour entourer son immense corps...

Il se réveille à midi, assis au bord d'une route. Sur le bitume, pas d'eau, pas de fleurs. La forêt est loin derrière. Nulle trace de l'oiseau. À ses pieds, les feuillets épars de ses carnets de rimes, noircis de son écriture... Quand a-t-il écrit ? Pendant son sommeil ? Qui a guidé sa main ? L'oiseau ? La déesse ?

Il ramasse ses carnets, les cache dans sa ceinture, puis se lève. Il a décidé de poursuivre, de pousser jusqu'à Charleroi. Oui, il va passer la frontière, plus désintéressé que le meilleur des mendiants, fier de n'avoir ni pays, ni amis.

« *Petit Poucet rêveur, égrenant dans sa course des rimes.*[2] »

Les rues de Charleroi sont désertes. C'est l'heure du souper. Arthur se traîne, fourbu, à bout de forces après ce huitième jour de marche. Une faim atroce lui noue l'estomac, et la nuit qui approche amène avec elle un froid piquant qui le fait trembler.

---

1. C.f. *Dévotion,* in *Rimbaud, Illuminations,* Éd. G. F., 1989, p. 106.
2. La citation exacte est « Petit Poucet rêveur, j'égrenais dans ma course des rimes... ». *Ma Bohême,* in *Rimbaud, Poésies,* Éd. G. F., 1989, p. 103.

Épuisé, il s'assoit sur un trottoir, près d'un soupirail. Une agréable odeur de cuisine s'en dégage et le met à la torture. Il dresse le museau comme un petit chien. À quatre pattes derrière le soupirail, il renifle et observe, en bas, la modeste cuisine d'un intérieur bourgeois. Une ménagère est en train de préparer une volaille rôtie. Elle s'affaire avec méthode, assaisonne sa viande, pique un couteau dans la chair, décide de la remettre à cuire, puis échange quelques paroles avec un enfant qui est venu la rejoindre.

Ils ont le dos tourné, ils ne voient pas la figure maigre et hâve du jeune garçon qui, aux aguets derrière le soupirail, a les yeux rivés sur la tablette de chocolat que le petit a entamée puis négligemment posée sur la table. La table est tout près du soupirail... La femme et l'enfant parlent encore pendant quelques minutes. Une éternité pour celui qui les guette. Enfin, la jeune femme s'essuie les mains à son tablier, le retire, prend l'enfant dans ses bras et, après avoir jeté un dernier coup d'œil à sa volaille, quitte la cuisine.

Aussitôt, Arthur passe la main à travers les barreaux du soupirail. D'une légère pression, il parvient à faire céder le loquet de l'étroite lucarne qui se soulève. Il introduit sa main dans la maigre ouverture, puis le bras entier, remerciant la nature de l'avoir fait si menu. Il s'étire, tend les bras de toutes ses forces vers les petits carrés noirs. Les fourmis le piquent, menacent d'engourdir son bras, mais il parvient tout de même à saisir la tablette de chocolat. Fier de son butin, il s'éloigne et le dévore en quelques secondes alors que là-haut, dans le ciel, la lune, avec son sourire en forme de croissant, baigne sa tête nue d'une lueur argentée.

Il se lèche les doigts longuement, mais le chocolat n'a fait que le mettre en appétit et aiguiser sa faim. Il ne pourra pas dormir sans avaler quelque chose de plus consistant. L'estomac dans les talons, il se traîne jusqu'au bout de la rue, attiré par une enseigne. *Au Cabaret vert.* C'est une auberge. Le nez collé à la vitre, il aperçoit une rangée de tables, des visages, des mains qui s'agitent, tenant couteaux et fourchettes. Comme la faim lui tord les entrailles une nouvelle fois, il pousse la porte et entre. Une bouffée de chaleur le fait aussitôt respirer d'aise. L'agitation est intense : il y a beaucoup de monde, beaucoup de bruit et surtout, beaucoup de vert. Tous les meubles sont peints en vert : les tables, les chaises, les murs, et même l'éclairage baigne les visages des clients de reflets verts.

Lui, n'a jamais mis les pieds dans un cabaret, mais l'endroit lui plaît, et comme personne ne prend garde à son allure de vagabond, il ne se sent guère intimidé. Après avoir repéré une table libre sous une grande tapisserie murale, il va s'y installer, allonge enfin ses jambes torturées par une marche incessante. Une serveuse, plateau en main, va de table en table. Elle évolue avec une grâce infinie entre les chaises et rit lorsqu'une main hardie tente de dénouer son tablier. Elle n'a pas peur, au besoin, de distribuer quelque baiser en remplissant une chope de bière.

« Et pour le p'tit monsieur, qu'est-ce que ce sera ? »

Le « p'tit monsieur » n'a pas entendu la question. Les yeux rivés sur les tétons énormes de la fille, il en a presque oublié sa faim.

Un éclat de rire le tire de sa rêverie et, les joues écarlates, il demande :

« Des tartines de beurre et du jambon, s'il vous plaît ! »

Elle essuie rapidement la table, faisant en sorte de pencher vers lui sa poitrine opulente, puis s'éloigne en riant encore. Quelques minutes seulement, et la voilà de retour, qui lui apporte une assiette verte sur laquelle sont posés trois grosses tartines de beurre et du jambon rose et blanc, parfumé d'une gousse d'ail. Tandis qu'il la regarde lui aussi en souriant, elle remplit une immense chope. La bière est couleur miel, comme sa chevelure, et la mousse qui déborde provoque un nouvel éclat de rire.

Les tartines et le jambon disparaissent en un éclair. La serveuse, qui, derrière le comptoir, dévore des yeux son jeune client, lui apporte aussitôt un bol de soupe.

« Offert par la maison ! » déclare-t-elle gaiement.

Tout en dégustant son bouillon, il regarde la tapisserie au-dessus de lui. Elle représente une scène de chasse en forêt. La Forêt, l'Oiseau, le Rêve... La bière commence à faire son effet, ses yeux se ferment et il s'endort, le nez dans la soupe, la cuiller encore à la main.

Une heure à peu près se passe, puis une légère secousse le réveille.

« Je termine mon service, dit la jeune serveuse, je dois encaisser. Ça fait trois francs. »

Il se redresse avec peine et met les mains dans ses poches. Vides, bien entendu. Il jette un regard furtif vers la porte, mais la bière lui a coupé les jambes, jamais il n'aura la force de courir pour s'enfuir.

« Le p'tit monsieur n'a pas un sou, vrai ? » demande la jeune fille.

Il acquiesce en baissant les yeux.

« Et le p'tit monsieur n'a pas où dormir non plus, vrai ?

— Vrai. »

Nouvel éclat de rire. Elle se penche et, faisant mine de débarrasser, lui murmure à l'oreille :

« Tu vois cet homme en redingote à l'autre bout de la salle ? Il est là tous les soirs et il m'aime tellement que lorsque je lui présente sa note, il préfère compter les boutons de mon corsage plutôt que le détail de ses plats. Tes trois francs, il va les payer sans s'en rendre compte... Quant à toi, tu vas dormir dans ma chambre. Prends l'escalier derrière le comptoir. Premier étage, au bout du couloir, à gauche.

— Mais...

— Il n'y a pas de "mais". C'est sans risques. Le patron n'est pas là ce soir. »

L'offre est trop tentante, il n'a aucune raison de la

refuser... Tandis que la jeune fille se dirige vers l'homme en redingote, il prend l'escalier.

La chambre minuscule est éclairée par un réverbère qui, comme planté par hasard sous la fenêtre, jette une lumière triste. Le mobilier est réduit au strict minimum : un lit et une table. Que doit-il faire ? Elle ne va pas tarder à le rejoindre et le lit est décidément bien étroit. Tans pis ! Pas la force de réfléchir. Il se glisse tout habillé entre les draps. Quelques minutes se sont à peine écoulées que la porte s'ouvre.

« Déjà au dodo, mon p'tit ange ? » demande-t-elle en entrant.

Sans attendre de réponse, elle se dirige vers la fenêtre et commence à se déshabiller : elle sait que la lumière du réverbère donne de jolis reflets à sa peau nue. Lui, le drap remonté jusque sur les oreilles, regarde les seins énormes, les hanches bien rondes sous la chevelure couleur miel. Alors il pense aux tresses noires de la fille aux allures d'Indienne, à la petite bottine qui s'enfuyait sous la jupe de la demoiselle, sur la promenade des Tilleuls...

Elle s'est collée tout contre lui dans la fraîcheur des draps et caresse ses cheveux emmêlés de broussailles et d'épis de blé. Puis, tandis que ses lèvres cherchent les siennes, elle s'aperçoit qu'il dort. Déçue, elle croise les bras dans le noir, soupire, se tourne de nouveau vers le visage d'ange boudeur qu'elle contemple un instant.

« Je ne sais même pas comment tu t'appelles », murmure-t-elle.

Comme il repartira à l'aube avant même qu'elle n'ait ouvert les yeux, elle se lève et glisse un peu d'argent dans la poche de sa veste. Ses petites économies, autant qu'elles servent à quelque chose...

Enfin, elle se recouche :

« Moi, c'est *Nina*[1] », dit-elle avant de s'endormir.

Dans le train qui le conduit vers Bruxelles, il pense à « *Elle* ». Est-ce la fille aux allures d'Indienne, la demoiselle sous les Tilleuls, ou la fille aux tétons énormes, qui lui a laissé de l'argent pour poursuivre son voyage ? Il n'en sait trop rien.

Las de regarder défiler un paysage de brumes et d'usines derrière la vitre, il sort son carnet de rimes et écrit :

« *À... Elle. En Wagon, le 7 octobre 1870.*

Rêvé pour l'hiver
L'hiver, nous irons dans un petit wagon rose
Avec des coussins bleus
Nous serons bien[2]*...* »

Rue de l'Abbaye-aux-Prés. Il traverse le grand jardin et agite le carillon. Ses jambes ne le portent presque plus. De sa veste, il ne reste que les trous, ses chaussures n'ont plus de semelles et il est si maigre

---

1. *Les Réparties de Nina,* in *Rimbaud, Poésies,* Éd. G. F., 1989, p. 83.
2. *Rêvé pour l'hiver, ibid.,* p. 97.

qu'une ficelle nouée à la taille retient son pantalon. En dix jours, il n'a pris que deux vrais repas : au *Cabaret vert,* et à Bruxelles, chez Paul Durand. L'ami de Georges Izambard était absent, mais le gîte et le couvert offerts par sa famille ont atténué sa déception de ne pas rencontrer l'homme de lettres. Puis il a marché de nouveau. Marché sans trêve jusqu'à Douai, son seul havre.

La porte s'ouvre et il sourit devant le regard affolé de la vieille demoiselle qui tend les bras pour le soutenir et l'embrasser.

« Arthur, mon pauvre petit ! Dans quel état vous nous revenez ! »

Il n'a pas la force d'articuler le moindre mot, mais ses yeux bleus sont plus grands, plus clairs que jamais. Il est guenilleux, miséreux, hâve, cependant il ne regrette pas une minute de ce vagabondage de dix jours en pleine nature. *Dieu que salubre était le vent*[1] *!*

Il est assis à sa table, comme un écolier bien sage. Grâce aux soins journaliers des demoiselles Gindre, il a repris un peu d'embonpoint et n'a plus l'air d'un Gavroche. Celui qui parcourait les routes ardennaises.

Vêtu d'un complet trois pièces ayant appartenu à Georges Izambard au même âge, d'une chemise blanche bien amidonnée, il noue chaque matin une

---

1. *La Rivière de Cassis,* in *Rimbaud, Vers nouveaux,* Éd. G. F., 1989, p. 55.

cravate de soie pour faire plaisir aux vieilles demoiselles.

Sur son bureau, il a retrouvé intacts les manuscrits qu'il avait laissés en septembre, au retour de sa première fugue. Il les recopie avec soin, ainsi que les poèmes que son vagabondage lui a inspirés. Il va confier le tout à Paul Demeny qu'il vient de rencontrer. Seront-ils bientôt publiés ? Peut-être... Vingt-deux poèmes...

Les jours passent et le terme de son séjour à Douai approche. Depuis une quinzaine, les lettres de sa mère pleuvent, ordonnant avec force menaces le retour du « petit drôle ». Il n'en a pas lu une seule.

Un matin, alors qu'il s'apprête à se mettre au travail après une nuit trop courte où, en compagnie de Georges Izambard, il a fêté la fin de l'Empire et la proclamation de la République, on frappe à sa porte.

Georges Izambard entre, accompagné de deux gendarmes.

« Votre mère les envoie pour vous ramener à Charleville, explique-t-il, affreusement gêné. Je ne peux pas m'y opposer. »

Inutile de protester. Il enfile son gilet, sa veste, noue sa cravate, range ses manuscrits en piles régulières, jette un dernier coup d'œil sur sa chambre. Il ne la reverra plus jamais. Les demoiselles Gindre sont absentes, parties au marché. Tant mieux. L'adieu est bien assez douloureux comme ça.

Le maître et l'élève se serrent la main, longuement,

sans pouvoir dire un mot. L'émotion leur donne une allure potache.

Puis l'élève s'en va, encadré par les gendarmes.

Fin du voyage. Fin du rêve.

15

Décembre à Charleville. L'hiver sévit depuis la fin octobre, s'alliant à la guerre pour rendre la ville plus sinistre que jamais. Une épaisse couche de neige recouvre les rues et transforme la moindre promenade en une longue et dangereuse équipée. Les Carolopolitains se terrent chez eux.

Quai de la Madeleine, les récriminations incessantes de la « *bouche d'ombre* » poussent Arthur à braver les intempéries chaque jour. Vêtu de sa vieille veste trouée, celle qui l'a suivi dans ses vagabondages et qu'il porte comme un fétiche, une mince écharpe de laine nouée autour du cou, les cheveux longs, la pipe à la bouche, il s'en va par les rues et l'on murmure sur son passage, car le jeune Rimbaud a décidément des allures de voyou.

Chaque matin, il trouve refuge à la bibliothèque municipale. Lecteur enragé, il dévore depuis deux mois tout ce que le vieil établissement peut renfermer. Il lit sur place durant la journée, emporte des livres pour la soirée et revient le lendemain pour en réclamer d'autres.

Pour la énième fois, il a posé sur le bureau de l'employé de la bibliothèque une liste de titres gribouillée à la hâte.

Courbé sur sa table, le bibliothécaire est en train de faire un pointage méticuleux de sa réserve. Personne ne le lui a demandé, mais ce travail que lui seul juge indispensable, a le mérite d'occuper son temps. Une grande feuille de papier jaune est posée devant lui, quadrillée de quatre colonnes. Dans la première colonne, il a inscrit une centaine de titres et à présent, il dessine dans la seconde une étoile, dans la troisième une croix, et enfin dans la dernière, un astérisque. Selon les lignes, le nombre de signes varie, se prêtant à une interprétation que personne ne pourra fournir.

Ses manchettes sales débordant sur ses poignets, le doigt noué à la plume, il n'a pas même levé les yeux sur le gamin qui, debout derrière la table, commence à s'impatienter. Il ne veut pas le regarder ; son sourire ironique, il le connaît trop bien. Avec le père Bos, il était de ceux qui prêchaient que l'enfant prodige tournerait mal...

Jean Hubert, ancien professeur de rhétorique au collège de Charleville, non mobilisable, a trouvé au sein de la bibliothèque une reconversion momentanée. Lui qui a si peur du désordre et de la guerre, il se trouve heureux, là, protégé par les vieux murs bien épais, dans le silence des lecteurs. Assis sur sa chaise, il maudit ceux qui le font lever. Comme cet odieux gamin qui depuis deux mois, dépeuple les rayons de sa bibliothèque, se permet de griffonner en marge des livres des choses incompréhensibles, qui le fait grimper jusqu'aux rayons les plus hauts, les plus poussiéreux, pour chercher des titres que jamais personne ne réclame et dont lui-même ne soupçonnait pas l'existence...

Il penche un peu plus la tête sur sa feuille. Son nez le gratte, car il est allergique à la fumée. Fumer la pipe, à cet âge ! Une honte !

D'une main tremblante, il repousse la liste des titres. Cette fois c'en est trop. Ce jeune insolent ne le fera plus lever.

« Titres indisponibles », marmonne-t-il, la barbe noyée dans sa blouse grise.

Comme le regard du gamin le transperce, il se courbe davantage, il se plie. Ses yeux cerclés de noir suent derrière les lorgnons, son teint vire au jaune du papier sur lequel il gribouille, il se cale dans son pantalon, fait corps avec sa chaise, ses pieds s'agrippent aux barreaux de son siège et on pourrait presque entendre la paille gémir, prête à céder sous les angles.

Lui, debout, le fixe toujours, une moue de dégoût sur les lèvres... Vieil ours de la fonction publique.

Après tout, peu lui importent les livres qu'il lui refuse. Cette bibliothèque sordide, épuisée, menace de faire de lui un « assis », comme les autres, ses anciens camarades de collège qui viennent là pour plancher, rattraper les cours que l'on ne donne plus au collège à cause de la guerre.

Il promène sur les petits cafards studieux disséminés entre les bancs un regard de haine, puis traverse la salle à grands pas et s'en va. Car la vraie vie est ailleurs, dans la fuite, sur les routes. Pas sur une chaise.

La jeune Isabelle lui a ouvert la porte en faisant de grands gestes et toutes sortes de mimiques.

« Mais enfin que se passe-t-il ? » demande Arthur, agacé par l'excitation de sa sœur. Comme elle lui répond par une nouvelle grimace, il remarque des traces de boue sur le sol. Or, c'est mardi aujourd'hui, jour de ménage. Vitalie vient à sa rencontre, la larme à l'œil. Une veste d'uniforme est jetée sur une chaise... Il comprend.

Le jeune soldat est assis dans le grand fauteuil près de la fenêtre, le regard perdu au loin. Il a beaucoup maigri et une barbe désordonnée dévore son visage blême. Le pantalon à moitié déchiré, maculé de boue et de poussière, un sabre encrassé à la ceinture, on dirait qu'un léger tremblement agite ses mains. Le soldat de plomb, tout rutilant, objet de son admiration d'enfant, semble bien loin.

« Bonjour, Frédéric », dit Arthur en s'approchant.

Réprimant un sursaut, Frédéric se lève. Les deux frères ne savent trop s'ils doivent se serrer la main ou s'embrasser. Après quelques hésitations, ils échangent une accolade. Arthur, ne trouvant aucune parole de bienvenue, se tourne vers sa mère, muette elle aussi. Comment a-t-elle accueilli son frère aîné ? Avec une gifle, comme celle que lui-même a reçue au retour de sa première fugue ? Sans un mot, comme à son retour de Douai ? Ou bien au cri de « Vive la France » ? Son visage impassible est simplement plus ridé. Vieillissement dû au va-et-vient de ses fils.

Frédéric se décide finalement à rompre le silence.

« Tu as grandi... beaucoup changé, bredouille-t-il.

— Toi aussi tu as changé... Pourquoi ce retour si soudain ? »

À cette question, le visage du jeune soldat se rembrunit.

« C'est la débandade, murmure-t-il. Metz a capitulé, Mézières va tomber d'une minute à l'autre, Charleville est menacée et les soldats français se replient en désordre.

— Ils se replient ou ils désertent ? »

Le pauvre Frédéric ne s'attendait pas à une insinuation aussi violente. Pris au dépourvu, il se tourne vers sa mère, l'appelant à l'aide du regard.

« Je ne suis pas un déserteur, finit-il par bougonner, tête baissée.

— C'est dommage. Mieux vaut déserter que de servir de chair à canon pour la gloire d'un empire moribond.

— Tu en parles à ton aise, toi, rétorque Frédéric, retrouvant un peu d'énergie. Moi au moins j'ai essayé de m'engager, de me battre pour quelque chose. Qu'est-ce que tu as fait toi, pendant ce temps ? Tu t'es battu avec ta plume, c'est ça ?

— Va te changer et donne-moi tes vêtements sales, je vais les laver ! » ordonne Mme Rimbaud à Frédéric, mettant un terme à la discussion.

Elle prend son sabre, l'aide à retirer ses bottes, va ramasser la veste qui traîne sur la chaise, puis continue de s'affairer dans la pièce. Elle est pleine d'entrain. La famille au complet ! Cela faisait si longtemps. La dispute amorcée entre les deux frères l'a presque fait sourire, c'était un écho du passé.

Tandis qu'aidée de Vitalie, elle commence à préparer le repas, Isabelle s'exclame soudain :

« C'est le 31 ce soir, si on faisait un réveillon, puisque nous sommes tous réunis ?

— Oh oui ! renchérit aussitôt Vitalie. Quelle bonne idée ! »

Et d'un geste doux, mais non moins insistant, elle arrête Arthur qui allait regagner sa chambre.

Mme Rimbaud regarde tour à tour ses deux filles d'un air complice. La proposition l'a séduite. Sans attendre, Isabelle débarrasse la table, puis va chercher dans la grande armoire la nappe blanche, celle des repas de fête, celle dont on avait oublié l'existence. Vitalie, de son côté, a filé dans sa chambre et revient avec une guirlande dorée qu'elle dispose sur la table.

« Où as-tu trouvé ça ? » demande Isabelle de plus en plus excitée.

Et sans écouter les explications de sa sœur, elle fouine de nouveau dans la grande armoire dont elle sort deux bougeoirs en argent. Avec une extrême rapidité, elle les astique et les garnit de bougies.

Vitalie s'est éclipsée une nouvelle fois et revient les bras chargés de fleurs séchées collectionnées lors de promenades au bord de la Meuse. Elle les jette en vrac sur la table en éclatant de rire.

Les deux filles s'agitent encore, telles deux petites fées, et en moins d'un quart d'heure, elles parviennent à dresser une véritable table de fête.

« C'est pas beau, ça ? s'exclame Isabelle en battant des mains comme une petite fille.

— C'est magnifique ! » renchérit Vitalie.

Mais Isabelle n'est pas encore à court d'inspiration. La voilà de nouveau en train de fouiller les trésors de la grande armoire. Sautillant de joie, elle revient vers Mme Rimbaud et enveloppe ses épaules de la mante en chantilly qu'elle n'a plus portée depuis la distribution des prix au collège, l'été dernier. Mme Rimbaud s'est laissé faire. Un sourire amusé aux lèvres, elle regarde sa fille qui maintenant pique des fleurs séchées dans le chignon de sa sœur et dans ses propres tresses. Après quoi, Vitalie, qui ne veut pas demeurer en reste, sort de l'armoire la cravate en soie d'Arthur, offerte à Douai par les demoiselles Gindre. Elle s'approche de son frère, lui retire son écharpe de laine, relève le col de sa chemise, le boutonne, et d'un geste rapide, lui noue la cravate autour du cou.

Arthur, lui aussi, s'est laissé faire. Les yeux fixés sur la grande armoire, il se souvient du temps où ses flancs de bois le faisaient rêver, la nuit des étrennes...

Sur ces entrefaites, Frédéric est revenu dans la pièce, vêtu de propre. Il n'a trouvé pour se changer que le costume du dimanche qu'il portait avant de s'engager : le pantalon lui arrive à peine plus bas que les genoux, et les manches de la veste ne couvrent pas ses coudes. Son entrée provoque un éclat de rire général. Un peu vexé tout d'abord, il finit par s'esclaffer lui aussi. Et les voilà tous, les deux filles, les garçons et la mère, secoués d'un fou rire irrépressible. Un rire qui ressemble à un sanglot...

« Allez tous vous laver les mains ! conclut Mme Rimbaud. Et prenez vos places comme d'habitude. Ça tombe bien, j'ai réussi à me procurer un peu de jambon aujourd'hui et même de la bière. »

Un repas chez les Rimbaud où l'on entend autre chose que le cliquetis des couverts. Ce n'était pas arrivé depuis bien longtemps. Frédéric, à présent complètement détendu, a retrouvé toute sa verve. Il raconte la guerre, les tranchées, les combats, comment il a sauvé la vie d'un camarade en allant chercher son corps transpercé d'une baïonnette sous les obus allemands, les félicitations de ses supérieurs et la reconnaissance de tout le régiment pour son courage. Il raconte aussi les nuits de marche, le froid, la neige, la faim. Il raconte qu'un jour même Napoléon lui a serré la main. Il parle sans trêve, encouragé par l'admiration qu'il lit dans le regard de ses deux sœurs. Il ne s'interrompt que pour boire la bière dont Arthur le sert abondamment et que Mme Rimbaud s'empresse de couper d'un peu d'eau. Il fait de grands gestes, ménage des instants de silence pour rendre son récit plus vivant. Cependant, son visage s'obscurcit chaque fois qu'il croise le regard de son jeune frère.

Mme Rimbaud, pour le forcer à manger, prend la parole à son tour. Elle raconte leur vie à tous pendant son absence et émet l'idée que bientôt il faudra s'occuper de la ferme de Roche, qu'il y a du travail là-bas, que, si le cœur lui en dit, ce sera avec sa bénédiction. Elle ne dit mot des fugues de son cadet.

Puis vient le tour d'Isabelle qui, un peu éméchée par les quelques gorgées de bière qu'elle a été autorisée à boire, dévoile ses frasques au pensionnat du Saint-Sépulcre. On rit de ses aveux et le repas se poursuit dans l'allégresse... Soudain, une terrible déflagration secoue les murs de la maison. La fenêtre qui s'est ouverte avec violence laisse entendre des cris de panique venant de la rue. Soufflées par le vent, les bougies s'éteignent et la vaisselle continue de trembler sur la table dans un écho sinistre. Les deux fillettes, terrorisées, fixent leur frère aîné comme si lui seul pouvait leur donner les directives à suivre. Mais celui-ci, le teint aussi pâle qu'à son arrivée, a perdu toute sa verve. Mme Rimbaud et Arthur échangent un bref coup d'œil, lorsqu'une seconde déflagration, encore plus violente que la première, renverse la vaisselle sur la table. Elle est bientôt suivie par un bruit de cavalcade dans la cage d'escalier et par des coups acharnés que l'on frappe à la porte.

« Madame Rimbaud ! crie un voisin. Vite ! Descendez aux abris avec vos enfants ! Les Allemands envoient des obus ! Ils sont tout près ! »

Tous les habitants du quai de la Madeleine se sont entassés dans quinze mètres carrés de cave. Ils ont passé là la nuit du réveillon à trembler de peur sous les attaques répétées des Allemands. Les cris des enfants se sont mêlés aux pleurs des femmes, aux exhortations des quelques hommes présents. Puis le sommeil est venu à bout de toutes les craintes.

Arthur tient Vitalie dans ses bras. Isabelle s'est réfugiée dans ceux de sa mère. Frédéric, pelotonné contre le mur, a fini par s'endormir, les bras crispés sur ses genoux repliés. Toute la nuit, il n'a cessé de trembler, de sursauter, à chaque détonation... Oubliés, le sauvetage dans les tranchées, la bravoure, les hauts faits sur le champ de bataille. Démentis par le masque de la peur.

Arthur, qui l'observait discrètement, revoyait le jeune soldat croisé place Ducale lors du départ des troupes, au début de la guerre. Et s'il n'avait craint de le blesser, il se serait rapproché de son frère pour lui chuchoter : « Serrés, on a moins peur, hein ? »... Comme derrière la tenture de velours, rue Napoléon.

Il lui aurait dit aussi qu'il avait raison d'avoir peur. Raison d'avoir déserté.

À présent, tout est calme. Les détonations et les coups de fusil se sont tus. Arthur se dégage doucement de sa jeune sœur, enjambe les corps allongés au sol et quitte l'abri.

Dehors, le froid est vif. La première matinée de janvier... Sinistre. L'aube incite le jeune homme à marcher, comme toujours. Les pieds glacés par la neige, il se dirige vers la place Ducale. La vaste étendue de neige qui recouvre le square se reflète dans le ciel noir, y allumant des îlots de lumière bleutée. La statue du duc de Nevers se dresse, tel un gigantesque pic de glace. Comme si le malheureux duc avait voulu se cacher derrière cette couverture glacée pour ne pas voir, là-bas, les taches brunes qui avancent. Pour ne pas entendre le son du tambour, annonçant ce qu'il redoute... Car ils arrivent. Dans quelques minutes, les troupes prussiennes déboucheront sur la place et prendront leur cantonnement en ville.

Charleville, occupé par les Prussiens. Charleville, incapable de résister. Charleville où il n'y a plus de patriotes, rien que la trouille. Charleville, encore plus insupportable sous la domination étrangère.

Le jeune homme tourne le dos à la place Ducale et s'éloigne en pensant à la capitale qui, elle, résiste encore. Paris tient le siège. Ses pas le mèneront là-bas. L'aube vient de le lui souffler.

16

Avec sa veste trouée et sa fine écharpe de laine, il grelotte sous la bise qui balaie le quai de la gare de Strasbourg. Pourtant, il pensait qu'à Paris, il ferait moins froid qu'à Charleville. Des gardes nationaux patrouillent un peu partout, chassepot à l'épaule, et son cœur bondit dès qu'il en croise un : va-t-on l'arrêter encore ? Non, pas cette fois, il n'a pas fraudé. Il a vendu sa montre pour payer le trajet jusqu'au bout et il lui reste même quelques sous.

Il s'empresse de quitter la gare qui lui rappelle de trop mauvais souvenirs. Dehors, il s'attend à voir des lumières, du monde, une vie intense qu'il n'avait pu qu'imaginer lors de son premier séjour dans la capitale. Rien de tout cela. Quelques silhouettes sans visage se traînent, courbées sous la neige. Peu importe, il les remarque à peine. La joie d'être enfin à Paris l'aveugle.

Quelle direction prendre ? Les rues sont à moitié défoncées, dépavées. Il en choisit une au hasard et marche vers le nord, jusqu'à la porte de Clignancourt. Là, il aperçoit une percée dans le mur des fortifications. Un attroupement s'est formé. Il se réjouit à l'idée de pouvoir demander son chemin, d'échanger quelques mots, car jusqu'à présent, les gens qu'il a accostés sont demeurés étrangement muets. Il approche. Ce sont des femmes. La plupart, à quatre pattes, fouillent la terre avec une ardeur farouche, creusant à mains nues, comme des chiens, suant malgré le froid, sous le regard angoissé de leurs compagnes qui, debout, les encouragent.

L'une d'elles, apercevant le jeune homme immobile, l'apostrophe :

« Aide-nous, creuse ! » dit-elle en levant sur lui des yeux immenses, cerclés de noir.

N'osant pas refuser, il s'agenouille et se met à creuser lui aussi. La terre, imbibée de neige fondue, est lourde et glacée. Au fur et à mesure que les mains la remuent, une odeur nauséabonde s'en dégage, une odeur de putréfaction.

« Que cherchez-vous ? finit par demander Arthur qui redoute d'entendre la réponse.

— Mon mari, murmure une première femme.

— Mon père, lance une autre.
— Mon fils.
— Tous ceux qui se sont battus ici.
— On les a enterrés là à la va-vite pendant le siège. »

Les mains grattent la terre encore plus vite. Lui, s'arrête, pris de nausée. Bientôt, l'une des femmes pousse un cri.

« Ça y est ! Je sens quelque chose. »

Les autres viennent à la rescousse, s'agrippent à sa jupe pour former une chaîne et tirer avec plus de force.

Il se lève et recule. L'odeur est de plus en plus insupportable et, lorsque de la terre émerge un bras dévoré par les vers, il tourne le dos et s'enfuit à toutes jambes. Il court, sans plus sentir le froid qui lui transperce les os, le vent qui le frappe au visage et répand la terrible puanteur du charnier.

Longeant dans sa course l'enceinte des fortifications, il arrive porte Maillot. À bout de souffle, il s'arrête enfin et tâche de reprendre ses esprits. Mais, où qu'il pose son regard, il ne rencontre que toits effondrés, murs en ruine, amas de cendres. Le quartier a été pilonné par les tirs allemands et l'odeur de poudre plane encore... Paris a résisté, lui avait-on dit. Paris a tenu le siège jusqu'à la fin de la guerre, Paris n'est pas tombé. Oui, mais Paris est moribond.

Il marche encore. Tant que ses jambes le portent, il arrive à oublier sa faim. Un panneau lui donne un

la place de la concorde

Rimbaud arrive à Paris après le siège par les Prussiens

regain d'espoir : *Champ de Mars,* le nom est prometteur... Mais il n'y a plus un mètre carré de verdure, rien qu'un immense parc d'artillerie qui s'étend jusqu'aux Champs-Élysées, regorgeant de canons qui fument encore. Au centre, le canon Joséphine trône, entouré de tentes déchiquetées, de fusils abandonnés sur les pavés couverts de givre et de sang séché...

Place de la Concorde... La fatigue l'empêche de s'émerveiller. L'endroit lui paraît aussi sinistre que la place Ducale à Charleville, simplement un peu plus grand. Quelques restes de barricades se dressent encore çà et là : des fauteuils sur un piano défoncé, une porte coincée dans un amas de pavés. Sur la poignée, un bout d'étoffe est accroché, blanc, avec des traînées rouges.

Le jeune homme lève le nez vers le ciel, blanc lui aussi. La neige a cessé et le froid est encore plus vif. Il a beau serrer son écharpe de laine autour du cou, il ne la sent plus, ses poches trouées ne protègent guère ses mains qui le font atrocement souffrir, la neige a brûlé le cuir de ses chaussures et ses pieds sont engourdis. Cependant, il marche encore, tête baissée. Il suit la rue Saint-Honoré qui offre le même spectacle de désolation. Place Vendôme, la colonne se dresse avec, là-haut, la statue de l'Empereur en costume de César. Il n'a pas froid, lui, dans ses vêtements de pierre, et la mort qu'il regarde de haut ne semble pas lui faire honte.

Au bout de la rue Saint-Honoré, il aperçoit le

Palais-Royal et le Théâtre-Français. Une lueur d'espoir s'allume : le Théâtre-Français, la maison de Molière... Tandis qu'il se faufile sous les arcades, des vers de Racine lui reviennent en mémoire. Il colle son nez à une porte vitrée, comme un enfant. Peut-être va-t-il croiser un comédien en costume. Rodrigue, ou Ruy Blas ?... La porte s'ouvre et une femme vêtue de blanc se glisse dans l'entrebâillement. Bérénice, Esther ?... Non, sur sa coiffe, il y a une petite croix rouge.

« Ne restez pas là ! » murmure-t-elle dans un souffle.

La porte se referme sur des gémissements, de longues plaintes, et une bouffée d'air putride saisit le jeune garçon à la gorge. L'odeur du charnier, comme porte Maillot. Le foyer du Théâtre-Français a été transformé en hôpital.

Déçu, il s'éloigne et voilà qu'on le repousse de nouveau.

« Ne reste pas là, petit, c'est dangereux », lui dit un homme.

Dans les jardins du Palais-Royal, on abat à la hache des arbres qui tendent leurs branches nues comme pour crier grâce.

Plus de bois, plus de charbon, Paris tue ses arbres pour se chauffer. Paris est un ventre qui crie famine. Paris n'est qu'une immense plaie béante.

Cette fois, ses jambes ne le portent plus. Avec la nuit, le froid est devenu insoutenable. Les becs de gaz, éteints, tentent en vain de s'élever vers le ciel pour chercher la lumière des étoiles. Mais celles-ci sont absentes. Pas le moindre frou-frou, là-haut.

Il a faim, terriblement faim. Il a peur aussi. Le marcheur solitaire qui parcourait les routes ardennaises tremble devant les fantômes de la capitale.

Il gagne les quais. La Seine, gelée, n'est qu'une vaste étendue de glace sur laquelle passe une charrette. Là-haut, la lune a la même couleur que la glace ; on dirait qu'elle va tomber et se briser sur elle. Il se frotte les yeux, croyant rêver : jusque-là, il n'avait vu que la Meuse prise par les glaces. La fatigue le fait chanceler. Après avoir repéré une vieille péniche, il s'y endort, la tête posée sur un tas de charbon, l'odeur de la poudre dans le nez. Son sommeil sera sans rêves.

Une violente douleur à la tête le réveille. Le tas de charbon qui lui a servi d'oreiller a disparu. Instinctivement, il fouille ses poches : les maigres sous qui lui restaient se sont volatilisés. Les mains expertes qui ont dérobé le charbon sans lui ravir le sommeil ont emporté ses dernières ressources. La seule vision de la Seine gelée qui se fendille à peine sous les faibles rayons d'un soleil hivernal le fait frissonner. Ne vaudrait-il pas mieux rester là, allongé, jusqu'à ce que la glace l'immobilise à son tour ? Non, l'aube l'encourage à marcher encore. Il traverse le Luxembourg et s'arrête devant la Sorbonne. Mais le monument, en partie détruit par les bombardements allemands, semble lui chuchoter : « Ce n'est pas le moment »...

Tandis qu'il descend la rue Saint-André-des-Arts, une main s'accroche subitement à son bras.

« Aidez-moi, je vous en prie ! »

C'est une jeune femme vêtue de haillons. Sans attendre sa réponse, elle l'entraîne vivement vers un caniveau où elle se met à genoux.

« Il faut l'attraper. Vite, elle est là. Je n'y arriverai pas tout seule. Ça fait un moment que je la guette, je l'ai entendue couiner, mais cette sale bête ne veut plus sortir de son trou. Il faut l'obliger à montrer son museau et l'attraper. »

Comme il la regarde d'un air ahuri, elle ajoute sans trop de conviction :

« S'il est assez gros, je t'en donnerai la moitié. »

Tandis qu'elle se recroqueville davantage, la tête presque dans la bouche d'égout, il se lève et s'éloigne à reculons, sans qu'elle s'en aperçoive. Puis il se met à courir. Comme il se tourne une dernière fois, il la voit se battre avec un homme qui lui a prêté main forte et tente de lui ravir son butin. Le dégoût lui monte aux lèvres.

Mais, au fur et à mesure qu'il avance, la pensée de ce morceau de rat qu'il a refusé le fait saliver.

Toute la journée, il parcourt la capitale sans plus rien voir. S'il s'arrête de marcher, jamais il ne pourra repartir. Le nez fixé sur le pavé, il s'aperçoit que la nuit est tombée de nouveau. Une petite main glacée se glisse alors dans la sienne. C'est un enfant, la face verdâtre, les traits crispés, vêtu d'une mince blouse de toile. Sans dire un mot, il désigne d'un geste l'enseigne d'une boucherie sur le trottoir d'en face. Arthur comprend que l'enfant a été envoyé par sa mère pour faire la queue avant l'ouverture de la boutique.

Il se laisse conduire par le petit qui s'assoit par terre et d'un regard, l'invite à en faire autant. Il n'a pas la force de parler, la peur le paralyse : la peur du noir, du froid qui peut le tuer pendant son sommeil. Arthur prend place à côté de l'enfant, retire sa veste et en couvre les maigres épaules. La petite tête, lourde de sommeil, dodeline et se penche vers sa poitrine. Dans un soubresaut, l'enfant se redresse et sort de sa poche une bougie qu'il allume et tend à son nouveau compagnon... Balancée par le vent, une pancarte danse sous leurs yeux : « La livre de chien, 5 francs. Le rat, 2 à 3 francs pièce. Le chat, 20 à 30 francs. »

Arthur fixe la flamme de la bougie pour lutter contre le sommeil et lorsque, par moments, ses paupières se ferment malgré lui, l'enfant le secoue pour le rappeler à l'ordre. Le petit semble avoir acquis une longue pratique. Quelques heures se passent ainsi, puis la mère vient rejoindre son fils, puis d'autres enfants, d'autres femmes et enfin des vieillards. Tandis qu'un lointain carillon égrène les heures, le triste cortège s'allonge, toujours en silence. Enfin le jour se lève, huit heures sonnent, la boutique ouvre et le défilé commence, sans la moindre dispute. On est bien trop fatigué pour se battre.

L'enfant a insisté auprès de sa mère pour qu'elle cède à Arthur un morceau de la viande achetée. Il l'a dévorée sans savoir ce que c'était et, ravigoré par cette maigre pitance, s'est souvenu d'une adresse : 18, rue Bonaparte, *La Librairie artistique,* qui publie les œuvres de Paul Demeny.

La seule vue des livres exposés en vitrine lui regonfle le cœur. Il entre et fouille parmi les rayons, ouvre les volumes, feuillette, dévore. L'employé, occupé à mettre de l'ordre dans ses étalages, le laisse faire. Mais le jeune homme est vite déçu : il n'y a là que des textes patriotiques... Il tâte ses poches, pleines de rimes. Il comptait déposer ici un de ses manuscrits. Mais à qui s'adresser ? À l'employé en blouse grise ?... Il cherche encore parmi les piles et repère un volume de Verlaine. Alors, vite, il sort de sa veste une liasse de feuillets qu'il dépose par-dessus. Avant de partir, il s'empresse de le signer : « Arthur Rimbaud. Quai de la Madeleine, 5. Charleville-Mézières. »

Puis il passe la porte en courant, comme un voleur. Comme s'il avait peur de changer d'avis et de reprendre son manuscrit.

Le contact avec les livres, l'espoir que les rimes déposées trouveront un lecteur, voire un éditeur, ont redonné de l'allant au jeune marcheur. Une nouvelle journée se passe durant laquelle il quitte le cœur de Paris. Il parvient à monter dans une charrette transportant du bois pour le parc de la Courneuve, refuge des sans-abri, selon les dires du cocher. La voiture traverse une multitude de villages entourés de champs. Les petites fermes sont bordées d'écuries vides pour la plupart, les chevaux abattus ayant servi de nourriture pendant le siège. Aubervilliers... Pantin... Arrivée à La Courneuve, la charrette est prise d'assaut : on attendait le bois depuis deux jours.

Arthur descend, bousculé par les bras qui se ruent sur les bûches. Il se dirige vers l'église, pensant trouver là un toit pour la nuit, mais on le refoule bien vite. L'église abrite les soldats blessés qui n'ont pu être transférés dans les hôpitaux.

Après avoir avalé un bol de soupe et un morceau de pain infect, pétri avec de la paille hachée, faute de farine, il va rejoindre un tas de miséreux, agglutinés autour d'un feu. Étendu parmi les inconnus crasseux comme lui, il grelotte.

« Prends ça ! » lui dit alors une voix.

Il se tourne vers un visage sans âge, buriné, dévoré par une barbe en broussaille. Un homme lui tend son manteau. Il accepte l'offre sans se faire prier, tandis que l'autre, vêtu d'un tricot noir de boue, lui montre ses bras nus, marqués de cicatrices.

« Les Prussiens ! explique-t-il avec fierté. Je les ai cognés, mon gars, tant que j'ai pu. Pour un coup donné, y s'en ramassaient deux ! Le siège de Paris, mon bonhomme, c'était quelque chose ! Mais c'est pas fini. Ce qui nous attend est pire ! »

Il soulève son tricot, découvrant un torse affreusement maigre.

« Là ! reprend-il. Y a encore de la place, là, pour d'autres cicatrices.

— Mais la guerre est finie, bredouille Arthur, grelottant de plus belle à la vue de ce corps à demi nu.

— La guerre contre les Prussiens, oui ! Mais l'autre va commencer ! La guerre contre les Versaillais ! La Commune, mon gars, la Commune ! »

Le mot a un effet magique. Autour d'eux, les yeux s'ouvrent, les bustes se redressent, les visages s'animent, reprennent des couleurs.

« *La Commune* »... Toutes les bouches répètent ce mot, le scandent. Très vite, le groupe se resserre autour de l'homme au tricot. La nuit est tombée et le feu se reflète dans ses yeux noirs qui rivalisent d'éclairs avec les flammes.

« On va se battre, poursuit-il. Et le drapeau rouge va flotter sur le beffroi de l'Hôtel de Ville ! On va installer des barricades dans tous les coins de la capitale ! On les tournera vers l'ouest ! »

Dans l'ombre, des voix lui font écho, pleines de rage :

« Oui, des barricades !

— Partout, des barricades !

— À la Bastille !

— Place de la Concorde !

— On va abattre la colonne Vendôme !

— Vive l'armée des partisans !

— Vive le drapeau rouge !

— Et nous alors ? »

Les hommes se taisent. Une femme est venue s'asseoir près de l'homme au tricot. Grande, forte, une longue balafre marque sa joue gauche.

« Nous aussi, nous serons là ! crie-t-elle en dressant le poing. Avec nos enfants, comme pendant le siège ! Et nous installerons notre barricade à nous ! Sur la place Blanche !... Montrez-vous donc, les ouvrières, les lingères, les domestiques ! »

De la main, elle désigne des visages qui se détachent dans l'obscurité. Des silhouettes se dessinent, fines, frêles. Des femmes se lèvent et viennent s'accroupir à ses côtés, jupes relevées, épaules dénudées, les seins tendus par le froid pointant sous les corsages élimés. Et voilà qu'elles se mettent à crier elles aussi :

« On mettra le feu aux maisons des bourgeois !

— On les arrosera de pétrole !

— On mettra le feu à tous les bâtiments publics !

— Aux Tuileries !

— Au Palais-Royal !

— Au Quai d'Orsay !

— Nous embraserons le ciel ! Il deviendra incandescent ! Rouge ! Rouge ! Rouge ! »

Tout en répétant ce mot, la femme à la balafre tend les mains vers le feu.

Depuis le début, Arthur n'a cessé de fixer les longs doigts agiles qui se mouvaient, faisaient des cercles ou se rassemblaient pour dresser le poing.

Tandis que les mains dansent encore, semblables à deux oiseaux qui se battent, rougies par l'éclat des flammes, il apparaît bientôt... Parmi les braises, il se dresse, le Voleur de Feu, Baou. Son plumage, lui aussi, paraît incandescent. Il se pose sur l'épaule d'Arthur. Et aussitôt vient le réconfort. Vient la chaleur. Les voix s'estompent... Ça y est, il n'entend plus rien. Fasciné, il ne voit plus que les mains de la femme à la balafre. Ces mains fortes, tannées et pâles à la fois, menacées par le reflet de la mort. Qu'ont fait ces mains ? se demande-t-il. Ces Mains d'Ange dont les doigts vont saigner dans un Paris insurgé...

Le feu s'est éteint, les yeux se sont fermés, les voix se sont tues et les mains reposent, glacées par le froid. Le sommeil est venu renforcer par le rêve les promesses de victoire.

Les miséreux dorment, tandis que lui, l'oiseau sur les épaules, l'oiseau enfin au rendez-vous, passe la nuit à noircir son carnet de rimes. Pour *Les Mains de Jeanne Marie*[1].

Après une nuit sans sommeil, l'aube disperse les inconnus de La Courneuve. Mais Arthur ne peut se résoudre encore à fuir la capitale. Alors il ne lui reste plus qu'à marcher, mû par un ultime espoir : rencontrer André Gill, le caricaturiste dont il a tant admiré les dessins dans les journaux. Il habite Montmartre. C'est bien loin. Une journée de marche.

Harassé, à bout de forces, terrorisé par la nouvelle nuit glaciale qui s'annonce, il y arrive.

---

1. *Les Mains de Jeanne Marie,* in *Rimbaud, Poésies,* Éd. G. F., 1989, p. 155.

Quand l'artiste est rentré chez lui, il a trouvé, allongé sur son lit, un gamin crasseux. Il n'a pas été surpris. Son atelier est toujours ouvert, des inconnus y entrent souvent pour chercher un peu de chaleur.

Il a tendu la main vers le jeune intrus, mais s'est soudain figé. Il a vite saisi un crayon, une feuille de papier, et il a dessiné les paupières fermées, le nez fin et droit, les joues maculées par les traînées de charbon, les cheveux blonds, grouillant de poux, les lèvres pourpres, la moue boudeuse. Il a tracé un cercle autour de ce visage frondeur, avec une bulle dans laquelle il a écrit : « *Aura* »...

Puis il a rangé l'ébauche dans un coin et a réveillé le modèle :

« Qui es-tu ?

— Arthur Rimbaud.

— Connais pas.

— J'écris des poèmes.

— Ah bon... D'où viens-tu ?

— De Charleville-Mézières.

— Eh bien, il faut y retourner. Tiens, voilà dix francs ! »

Et le voilà qui repart, la peau rongée par la boue et la peste, des vers plein les cheveux et les aisselles, pour une longue route solitaire par les nuits d'hiver. Sans gîte, sans habits, sans pain, le cœur gelé. Paris l'a déçu.

Au bout de six jours de marche, Charleville de nouveau. Charleville, décidément. Et la nausée, toujours.

17

« Que faisais-tu dans sa chambre ? demande Mme Rimbaud.

— Euh... Rien... J'étais juste venue voir s'il était réveillé, bafouille Vitalie.

— Pour l'instant, moins tu le verras, mieux ce sera. »

La jeune fille baisse les yeux : l'ordre est si sévère... Prise d'une violente quinte de toux, elle s'éloigne rapidement. Mme Rimbaud se retourne sur elle, inquiète : cette maudite toux, même au mois de juin, alors que le climat est plutôt doux... Elle chasse son angoisse et pousse la porte de la chambre.

À travers les rideaux tirés, le soleil de midi laisse

entrevoir le désordre de la pièce. Des feuilles traînent un peu partout, sur la table, au sol. Elle en prend une au hasard, essaie de déchiffrer l'écriture serrée et tremblante. En vain. Que disent ces lignes désordonnées ?... Quelque chose qu'elle ne comprend pas, qu'elle se refuse à comprendre. Par endroits, la feuille est tachée, l'encre a bavé. À cause des larmes. Mais elle ne le remarque pas.

La pièce sent le tabac. Une pipe traîne sur la table de chevet. Cette fichue pipe qu'Arthur, depuis des mois maintenant, s'obstine à garder à la bouche.

Elle observe un instant son fils dans la pénombre : allongé tout habillé sur le lit, les vêtements crasseux, froissés, les cheveux sales tombant sur les épaules, les doigts à la fois tachés d'encre et jaunis par le tabac. Il a tout du voyou... Que lui est-il arrivé ? Elle aimerait tant qu'on le lui explique. Ces derniers jours, elle a intercepté une lettre adressée à Georges Izambard, toujours lui, dans laquelle son fils écrivait : « *Maintenant, je m'encrapule le plus possible. Pourquoi ? Je veux être Poète et je travaille à me faire Voyant*[1]... »

« S'encrapuler ». Quel échec !... Poète ? C'est bon pour occuper les loisirs, et encore. « Voyant ». Qu'est-ce que cela peut bien vouloir dire ? Quel charabia ! Que tout cela est malsain !

Elle regarde dormir l'adolescent et se souvient du temps où elle venait réveiller l'enfant pour le conduire

---

1. *Lettre de Rimbaud à Georges Izambard,* du 13 mars 1871, in *Arthur Rimbaud,* Éd. Laffont, 1992, p. 230.

à l'école. À peine l'avait-elle effleuré que les grands yeux bleus s'ouvraient. Docile, il se levait et se préparait tout seul.

Elle se refuse à verser une larme sur le passé. Alors elle tire les rideaux brusquement, faisant entrer le soleil de plein fouet dans la pièce.

« Il est midi. Jusqu'à quand comptes-tu rester au lit ? »

Arthur détourne son visage de la lumière.

« Je n'ai rien de mieux à faire », bougonne-t-il sans se redresser. Puis, les yeux encore à moitié fermés, il observe sa mère, plantée devant le lit. Sa stature est plus imposante que jamais, pourtant, elle ne l'impressionne plus. Elle lui paraît soudain risible, ridicule.

« Depuis la fin de la guerre, reprend Mme Rimbaud, depuis le 15 février, les cours ont repris au théâtre, en attendant que le collège soit remis en état. Nous sommes fin juin et tu n'y as pas mis les pieds une seule fois.

— Je n'ai aucun goût pour les planches.

— Si tu ne veux pas retourner au collège, je te mettrai en pension à la rentrée.

— C'en est fini des études pour moi.

— Si tu as décidé d'arrêter tes études, alors travaille !

— Pour faire quoi ? Vendeur de journaux, comme Frédéric ?

— Si tu abandonnes "ça", tu trouveras un métier honorable ! »

D'un geste furieux, elle renverse les manuscrits qui se trouvaient sur la table. Lui, tressaille imperceptiblement, mais ne dit rien. Puis, les yeux rivés sur les feuillets épars, il marmonne comme pour lui-même.

« "*Ça*", c'est un travail inepte, infâme, mystérieux.

— Je ne comprends rien à ce que tu racontes ! Exprime-toi clairement ! »

Arthur se lève, et d'une voix cinglante :

« Le travail est plus loin de moi que mon ongle l'est de mon œil ! lance-t-il. Je ne travaillerai jamais. Du moins au sens où tu l'entends.

— Et l'argent ? Il t'en faut pourtant ! Où trouves-tu l'argent pour payer ton tabac ?

— Chez les imbéciles. D'anciens camarades de collège qui m'entretiennent.

— En tout cas, ne compte pas sur moi pour continuer à te nourrir. Si d'ici un mois, tu n'as pas trouvé une place, ce sera la porte.

— Quand tu me verras manger positivement de la merde, tu ne trouveras plus que je coûte trop cher à nourrir ! Quant à la porte, c'est avec plaisir que je la prendrai ! »

Elle a levé le bras, comme elle l'avait fait quelques mois auparavant, au retour de sa première fugue. Mais cette fois, il a saisi sa main au vol, et c'est elle qui a dû baisser les yeux. Plus de gifle. Ce temps-là est révolu. Alors que son fils a déjà claqué la porte, elle se met à crier :

« Tu finiras par entrer en maison de correction ! »

De sa chambre, Vitalie a suivi la dispute. Elle a entendu les pas de son frère qui dévalait les escaliers. Après avoir jeté un châle sur ses épaules, elle sort à son tour. Elle voudrait lui parler, lui dire qu'elle a passé une heure ce matin dans sa chambre à lire ses poèmes, lui dire que... Mais les mots ne viennent pas. Elle ne sait plus comment aborder son frère. Il a tellement changé...

Le voilà derrière les grilles du collège, pipe à la bouche, fourneau à l'envers, qui s'amuse à cogner avec une canne les barreaux de fer, sous le regard ahuri des pensionnaires en récréation. Le surveillant s'empresse de le chasser, tandis qu'au fond de la cour, M. Pérette fait la leçon aux jeunes : « Voyez ! Voyez ce qu'est devenu le petit génie ! Ne prenez pas exemple sur lui, mes enfants ! Mieux vaut être comme tout le monde, progresser doucement, mais sûrement. Les prodiges ne font que des voyous ! »

Elle se hâte. Son frère s'est éloigné et elle ne veut pas le perdre de vue. Mais voilà qu'il provoque un nouvel incident, à l'entrée de la bibliothèque municipale. Pour faire « lever les Assis », il lance une pierre et brise une vitre... Scandale. Honte. Les passants traitent le fugitif de tous les noms...

Aucun d'entre eux n'a vu l'oiseau posé sur ses épaules. Mais la jeune fille, elle, a reconnu les magnifiques couleurs qui se fondent dans la chevelure de son frère. À présent, il marche droit devant lui, la tête haute, les joues empourprées, les yeux fixes, perdus dans le lointain. Elle le suit encore quelques instants, jusqu'au pont Saint-Julien. Elle ne poussera pas jusqu'au Bois d'Amour. La silhouette de l'oiseau l'a rassurée.

Elle rebrousse chemin en grelottant sous le soleil. La fièvre monte et de nouveau, elle sent le feu qui la dévore de l'intérieur. De sa poitrine oppressée monte un râle qu'elle ne peut réprimer. Il lui reste peu de temps à vivre, elle le sait.

Il a mélangé quelques brins d'herbe verte au tabac et roulé une cigarette. Il tire une première bouffée, longuement. Un goût âcre imprègne son palais, descend dans sa gorge, puis remonte vers ses narines. Quelques volutes de fumée s'échappent et lui piquent les yeux. Ça sent bon. Il tire une seconde bouffée, se lève et ouvre la porte.

Sur le chêne qui se dresse devant la cabane de jardinier, l'oiseau vole d'une branche à l'autre, se cache derrière un rameau de feuillage, réapparaît, jette ses couleurs en jouant avec les rayons de soleil. La fumée, de plus en plus dense, enveloppe le visage du jeune homme. Les larmes montent, sa vue se brouille, le flou est merveilleux.

« *A noir, E blanc, I rouge, U vert, Ô bleu*[1] », murmure-t-il. Et comme il lève la tête vers la cime du

---

1. *Voyelles,* in *Rimbaud, Poésies,* Éd. G. F., 1989, p. 191.

chêne, il voit l'oiseau grandir démesurément, jusqu'à couvrir de son ombre l'arbre tout entier. Ouvrant les ailes, il étend sur le bois un voile de brume.

Le jeune homme avance. Sous ses pas, la terre est mobile. La brume née de l'oiseau s'allie au soleil et fait miroiter les toits qui s'alignent au loin. Et bientôt, des dômes se lèvent. Plus d'ardoise. Plus d'usines crachant une fumée noire. Mais des mosquées aux dômes d'or et d'argent... L'oiseau s'envole : sur les routes du ciel, il dessine des calèches.

Le jeune homme avance encore jusqu'à un lac immense vers lequel il se penche. La surface de l'eau frémit, blonde et brillante, comme une chevelure de femme... Au fond du lac, il y a un salon. Les dernières volutes de fumée montent vers les anges qui, derrière les nuages, jouent du tambour.

Le mégot de sa cigarette s'échappe de ses doigts et il ferme les yeux.

À son réveil, il fait nuit noire. Il a dormi tout l'après-midi. La tête lourde, les lèvres desséchées, il quitte le bois, poussé par la soif. L'hallucination s'est dissipée et son esprit est clair. Plus de voix dans la forêt. Plus de visions. Plus de mystère. Rien que les branches cassées qui gémissent sous ses pas. De temps en temps, le cri d'un animal et de nouveau, l'ennui.

La ville est déserte. Il entre dans un bistrot dont les portes allaient fermer. On lui sert une absinthe en le regardant de travers. Puis il déambule encore dans les rues vides, trouve un dernier cabaret où il boit plusieurs verres. Enfin il sort, ou plutôt, on le flanque dehors. Cette fois, toutes les portes sont closes.

Alors la rage le prend. Il étouffe, il a envie de hurler, de se faire des entailles par tout le corps. Il voudrait devenir hideux comme un Mongol. Et le voilà qui décide de semer, non plus des rimes sur le pavé, mais des graffitis sur les murs de la ville. Petit Poucet rageur, il marque son trajet... Sur la promenade des Tilleuls, il trace en grand : « *Je hais l'été. Je hais l'hiver. Je hais la geinte des Caropolmerdés*[1]. » Sur la place du Saint-Sépulcre : « *Merde à Dieu. Vive l'académie d'Absomphe. Junphe 71*[2]. » Rue du Moulin : « *Rendez-vol à Parmerde*[3]. » Square de la Gare : « *À Parmerde, ça ne sclingue pas comme ici. Je contemplostate la Nature et ça m'absorcule tout entier... Je suis tanné*[4]. »

Il va pour signer, mais s'arrête. Il se souvient brusquement du cahier de brouillon sur lequel, écolier, il essayait diverses signatures. « Arthur Rimbaud de Charleville », c'était celle qu'il préférait. Cette fois, il lui en faut une autre. « *Alcide Bava* »... Puis il s'accroupit sur le trottoir. Tanné, il est tanné. Et il pleure. Un voyou écroulé sur le pavé... Un enfant seul dans le noir...

Le bruissement d'ailes. L'oiseau est revenu. Alors, toute la nuit, il noircit les feuillets de ses carnets. L'écriture sans hallucination. Il ne touchera plus à

1, 2, 3 et 4. Extraits de diverses lettres à Paul Verlaine et Ernest Delahaye, in *Arthur Rimbaud, Correspondance,* Éd. Laffont, 1992, p. 219.

l'herbe verte. Il n'en a pas besoin. La vision est là, sous sa plume.

L'aube, cette fois, le trouve éveillé. Le jeune noctambule quitte à regret son trottoir bercé de rimes pour entrer au café Dutherme, qui ouvre ses portes. Il demande de l'alcool, on le renvoie sans ménagement. À l'insulte, il répond par un éclat de rire.

Un attroupement s'est formé devant le mur couvert de graffitis. Tant de grossièreté ! On n'en croit pas ses yeux. On crie au scandale. On jure qu'on va arrêter ça.

L'auteur du délit traverse le square et se rend au café de l'Univers dont le propriétaire l'accueille en souriant.

« Tu ne crois pas que tu y es allé un peu fort cette fois ? Les langues vont se déchaîner... Allez ! Prends ta place ! Je te sers dans un instant. »

Ancien Parisien, le propriétaire du café de l'Univers supporte mal la vie à Charleville. Il s'est pris d'amitié pour l'adolescent qui lui rappelle sa jeunesse.

Il apporte deux verres de vin rouge et, pour ne pas rompre avec l'habitude contractée depuis deux mois, trinque avec le jeune homme :

« Je lève mon verre à ta santé ! À tous les francs-buveurs, les anticléricaux et les anarchistes ! À ton voyage à Paris !

— À Parmerde ! »

Et ils vident leurs verres d'un trait.

« Je te laisse travailler. Prends aussi la table d'à côté si tu veux, tu seras plus à l'aise », ajoute le tenancier après avoir apporté à Arthur une plume et du papier.

Celui-ci se met au travail sans tarder. Le voyou redevient un écolier bien sage, qui recopie un poème, comme autrefois à Douai, dans sa chambre...

« *Ce qu'on dit au poète à propos de fleurs*[1]. » Il se relit, puis rajoute un mot, porteur de toutes ses espérances :

« *À Monsieur Théodore de Banville,*

Monsieur et cher maître,
Vous rappelez-vous avoir reçu de province, en juin 1870, cent ou cent cinquante hexamètres mythologiques intitulés "Credo in Unam" ? Vous fûtes assez bon pour répondre !
C'est le même imbécile qui vous envoie les vers ci-dessus, signés Alcide Bava. – Pardon. J'ai dix-huit ans. – J'aimerai toujours les vers de Banville.
L'an passé je n'avais que dix-sept ans ! Ai-je progressé ?

Alcide Bava[2].
A. R. »

Il glisse la feuille dans une enveloppe, la met de

---

1. In *Rimbaud, Poésies,* Éd. G. F., 1989, p. 171.
2. *Lettre de Rimbaud à Théodore de Banville,* in *Rimbaud, Poésies,* Éd. G. F., 1989, p. 176.

côté, entame une seconde lettre. Il hésite, rougit, alors que personne ne le regarde. Paul Verlaine... Il lui a déjà écrit deux fois. Sans réponse. Il lui a écrit son enthousiasme, son admiration, son ennui à Charleville. Il lui a envoyé cinq poèmes. Et pas un mot en retour. Rien.

Il tripote sa plume. Que dire cette fois ? Il se décide pour quelques lignes, sans rimes :

« J'ai le projet de faire un grand poème et je ne peux travailler à Charleville. Je suis empêché de venir à Paris, étant sans ressources. Ma mère est veuve et extrêmement dévote. Elle ne me donne que dix centimes tous les dimanches pour payer ma chaise à l'église[1]. »

« Je les mets au courrier comme d'habitude ? demande le propriétaire qui s'est approché.
— Oui ! Fais attention à celle-ci surtout ! précise Arthur en désignant celle qu'il destine à Verlaine.
— Ne t'inquiète pas.
— Combien de temps met une lettre pour arriver à Paris ?
— Une dizaine de jours à peu près. »

Il compte sur ses doigts comme un enfant paresseux. Dix jours aller, dix jours retour... Et encore ! Si Verlaine répond immédiatement. Vingt jours ! Trois semaines ! Une éternité à Charleville...

---

1. *Lettre de Rimbaud à Verlaine,* in *Arthur Rimbaud,* Éd. Laffont, 1992, p. 248.

Découragé, il se lève, non sans avoir avalé un dernier verre. Le soleil est haut dans le ciel : il est temps d'aller se coucher.

Il traverse de nouveau le square, tourne au coin de la rue du Moulin, et comme il passe devant la librairie Letellier, l'employé en blouse grise l'apostrophe sur le pas de la porte :

« Monsieur Rimbaud ! Votre dette aujourd'hui s'élève à trente-cinq francs. Ça ne peut plus durer !

— Demandez-les à ma mère ! lance le jeune homme sans s'arrêter.

— Mais votre mère refuse de payer. Elle dit que ce sont vos affaires, rétorque l'employé en lui courant après.

— Alors, demandez-les à Dieu ! Et s'il refuse de payer, alors... »

Il se retourne, fait un bras d'honneur et la blouse grise, offusquée, se ratatine sur elle-même jusqu'à se confondre avec le pavé.

18

Il y a une plume bleutée, un peu mordorée, sur la pile de manuscrits. Vitalie la prend entre ses doigts, puis souffle dessus en souriant tristement. L'oiseau... Cela fait bien longtemps qu'elle ne l'a vu.

Elle ramasse un feuillet qui traîne par terre. *Le Bateau ivre.* Quel beau titre. Une violente quinte de toux l'empêche de lire la suite.

« Ouvre la fenêtre ! murmure Arthur, réveillé par le bruit. Tu respireras mieux. »

L'air frais qu'elle inspire longuement calme la jeune fille qui vient s'asseoir sur le lit, auprès de son frère.

« Toi, tu souffres et tu ne te plains jamais, dit Arthur en se tournant vers elle.

— Il y a du courrier pour toi ! Delahaye l'a apporté ce matin.

— Bah ! bougonne Arthur en mettant l'oreiller sur sa tête pour se protéger de la lumière. Rien d'intéressant, comme d'habitude. Ouvre-les, va !

— Eh ben dis-moi, remarque Vitalie après avoir décacheté la première enveloppe. Il n'est pas bien bavard ton correspondant ! Il n'a écrit qu'une ligne !

— Et qu'est-ce qu'elle dit, cette ligne ?

— *"Venez, chère grande âme, on vous appelle, on vous attend*[1]*."*

— C'est signé qui ?

— Paul Verlaine. »

L'oreiller a été lancé par terre avec une telle violence qu'il se crève en jetant une nuée de plumes dans la pièce. Arthur bondit vers la table, tente de rassembler ses manuscrits puis, trop ému, renonce à faire quoi que ce soit. Comme Vitalie le regarde avec des yeux ébahis :

« Verlaine, Vitalie ! Verlaine me demande d'aller à Paris ! Tu te rends compte ?

— Euh non, pas vraiment... Attends ! Verlaine, c'est celui dont tu voles les livres chez Jolly ?

— Oui, c'est lui ! L'un des plus grands poètes, Vitalie, l'un des plus grands !

— Seigneur ! Et il t'appelle : "chère grande âme". C'est joliment dit, c'est gentil. »

---

1. *Lettre de Verlaine à Rimbaud,* in *Arthur Rimbaud,* Éd. Laffont, 1992, p. 248.

Vitalie pose un regard interrogateur sur son frère qui, assis de nouveau sur le lit, a subitement l'air soucieux.

« Je ne vais pas pouvoir y aller, dit-il en donnant un violent coup de pied sur ce qui reste de l'oreiller au sol. Je n'ai pas de quoi payer mon voyage !

— Eh bien, prends mes économies, propose aussitôt Vitalie. J'ai deux francs. »

Et elle insiste fièrement sur le chiffre avancé en brandissant deux doigts sous le nez de son frère.

« Ce n'est pas suffisant, ma pauvre Vitalie. »

Tandis que la jeune fille réfléchit à une autre solution, la porte s'ouvre.

« Que fais-tu là ? gronde Mme Rimbaud. Je t'ai déjà dit de ne pas entrer dans cette chambre. Sors immédiatement ! »

Vitalie fait non de la tête et s'accroche des deux mains au rebord du lit pour bien montrer que personne ne la fera lever. Mais elle garde les yeux baissés. Arthur, lui, se plante devant sa mère.

« Tu veux savoir si j'ai trouvé une place, c'est ça ? C'est la fin de l'ultimatum ?

— Exactement ! J'ai été patiente, beaucoup trop patiente. Je t'ai laissé quatre mois. Maintenant, il faut prendre une décision.

— Ma décision est prise. Je vais à Paris.

— Pour y être jeté en prison ? Ou pour en revenir à moitié mort de faim et de froid, comme la dernière fois ?

— Paul Verlaine m'invite chez lui.
— Qui est-ce ? »
Sourire ironique du fils.
« Tu ne le connais pas. On ne parle pas de lui dans la gazette des paysans »
La mère ne relève pas l'impertinence.
« Et avec quoi comptes-tu payer ton voyage ? » demande-t-elle.
L'argument porte immédiatement. Le sourire ironique s'efface et Arthur baisse les yeux. Vitalie, qui n'a pas perdu un mot de l'échange, s'empresse d'intervenir.
« Maman, s'il te plaît, sois assez gentille pour payer le voyage à Arthur ! Ce monsieur qui l'invite est un grand poète. C'est très important pour son avenir.
— Tais-toi donc, péronnelle ! Ce voyage à Paris est inutile. Je n'ai que faire des hommes de lettres. La littérature n'est pas un métier et je ne donnerai pas un sou. »
L'indignation empourpre les joues de la jeune fille. Fixant sa mère avec un aplomb inhabituel, elle semble prête à lui manquer de respect. Mais Arthur la calme d'un geste et tend à sa mère la deuxième lettre, apportée par Vitalie, et qui traînait sur le lit.
« Je n'ai pas besoin de ton argent. Verlaine envoie un mandat pour payer mon voyage. Lis toi-même ! »

« *Mandat lettre.*
Vingt francs destinés à Monsieur Arthur Rimbaud.
Expéditeur : Paul Verlaine, 14 rue Nicolet, Paris. »

Toute réponse est inutile. Elle n'a plus qu'à renoncer. Elle claque la porte sans un regard pour son fils.

« Quand comptes-tu partir ? demande Vitalie.

— Tout de suite. »

Branle-bas de combat dans la chambre. Aussitôt, Vitalie sort une valise, ouvre l'armoire, prend du linge qu'elle commence à plier sur le lit, puis retourne à l'armoire, choisit un pantalon bleu, une chemise bleue, une paire de chaussettes bleues, la cravate de corde qu'elle a elle-même offerte à son frère pour son anniversaire, fourre tout cela dans les bras d'Arthur et, le poussant vers la porte :

« Va donc te laver et t'habiller de propre ! ordonne-t-elle. Tu ne peux pas y aller comme ça, tu sens mauvais, c'est une infection ! »

Lorsque, une demi-heure plus tard, Arthur revient, il trouve sa chambre métamorphosée. Tout est en ordre, ses manuscrits sont rangés en piles régulières sur la table et Vitalie, aidée d'Isabelle qui l'a rejointe, est en train de boucler sa valise.

Arthur s'approche et inspecte rapidement le contenu de celle-ci : quelques chemises, un pantalon et d'innombrables paires de chaussettes bleues qu'il retire une à une, sans en voir la fin.

« C'est moi qui ai choisi les chaussettes, explique Isabelle. Tu sais, il fait froid à Paris et, quand on a chaud aux pieds, on a chaud partout.

— Je te remercie, Isabelle, mais je n'en ai pas

besoin, dit Arthur en souriant. Je n'ai pas besoin de ça non plus, ajoute-t-il en repoussant la valise. Je ne prends que ça... »

Et il choisit sur la pile de manuscrits quelques feuillets qu'il glisse dans la poche de son grand manteau.

« Mais... Bon, comme tu voudras », soupire Vitalie.
Puis, remarquant la mine sombre de son frère :
« Qu'y a-t-il ? demande-t-elle.
— Il y a que... J'appréhende... Je serai bien reçu, mais quoi ? Je suis timide, je n'ai pas l'habitude du monde, je ne sais pas me tenir, je ne vaux rien dans la conversation... Oh ! Pour la pensée, je ne crains personne, mais pour le reste[1]... »

Les mains dans les poches, il se balance d'un pied sur l'autre, hésitant. C'est Vitalie qui, doucement, le pousse hors de la chambre. Les trois jeunes gens se dirigent en silence vers la porte d'entrée. Trop émus, ils s'embrassent avec retenue. Les mots ne viennent pas pour se dire au revoir. Arthur est déjà dans les escaliers quand une haute silhouette sombre se dresse sur le palier.

« Combien de temps vas-tu t'absenter ? demande Mme Rimbaud.
— Je ne sais pas.
— Longtemps ?
— Je ne sais pas.

---

1. Cette réplique est extraite des propos rapportés par E. Delahaye dans *Souvenirs familiers*.

— Écris-nous au moins... Et prends soin de toi ! »
Il n'a rien entendu. Il a déjà dévalé les escaliers. Sur la rampe, la main de sa mère a cherché la sienne, mais il ne s'en est pas rendu compte.

Et la mère ferme la porte sur son fils, se demandant pourquoi ses gestes, lorsqu'ils se veulent tendres, sont si maladroits.

19

Les grilles de l'hôtel particulier s'ouvrent sur les vignes de Montmartre, rue Nicolet. La maison, bien séparée des deux pavillons formant écurie et remise, est entourée d'un jardin soigneusement entretenu. Le soleil d'octobre en fait un havre tranquille. Seuls le gazouillis des moineaux et les coups de ciseaux du jardinier, occupé à tailler les rosiers, ponctuent le silence.

La demeure est bâtie sur deux étages : au premier, la chambre de M. et Mme Mauté de Fleurville, beaux-parents de Paul Verlaine, celle des jeunes époux, et enfin la chambre d'amis. Le rez-de-chaussée se partage entre une grande salle à manger et deux salons.

On a décidé d'abandonner le salon or et blanc,

rehaussé de satin cerise, pour s'installer dans le second, celui dont les fauteuils, canapés et bergères, de style Louis XV, sont recouverts de velours d'Utrecht jaune.

En effet, Mme Mauté de Fleurville, qui se pique de littérature depuis le mariage de sa fille Mathilde avec un poète célèbre, a jugé que l'endroit serait plus propice à recevoir un hôte de marque.

Tout est fin prêt dans la maison : les ordres ont été donnés aux domestiques, et les deux femmes patientent autour d'une tasse de thé.

« À quelle heure Paul est-il parti ? demande Mme de Fleurville.

— Il y a une demi-heure à peu près, répond Mathilde. Il a attendu Charles Cros, en retard comme d'habitude, et tous deux ont quitté la maison en catastrophe. J'espère qu'ils ne vont pas manquer l'arrivée du train, cela ferait mauvais effet.

— Le jeune homme ne connaît pas du tout Paris ?

— Je ne sais pas, je ne crois pas. Je pense qu'il arrive directement de Charleville... Où se trouve cette ville ? Je n'en ai jamais entendu parler.

— Euh... voyons, dans les Ardennes, je crois.

— Les Ardennes ?... Ah ! »

Mathilde, soucieuse, triture depuis un bon moment déjà un mouchoir de dentelle, ce qui a le don d'agacer sa mère. Celle-ci se lève, fait quelques pas vers la fenêtre, change un bibelot de place puis, s'asseyant de nouveau près de sa fille, finit par lui retirer le mouchoir des mains.

« Pourrais-tu me dire ce qui te tracasse ? s'exclame-t-elle.

— Je ne sais pas, murmure Mathilde, j'aurais du mal à l'expliquer, mais l'enthousiasme de Paul à l'idée d'héberger ce jeune poète me semble excessif.

— Il n'a rien d'excessif. Paul a lu ses poèmes et estime que son travail est remarquable. Il faut aider les jeunes. En cela, je suis parfaitement d'accord avec lui. En tout cas, si celui-ci devient célèbre un jour, nous pourrons nous vanter d'avoir été les premiers à croire en lui. »

Mathilde fixe ses mains, et l'absence du mouchoir semble la rendre plus nerveuse encore.

« Il n'y a pas que cela, reprend-elle d'un ton vif. On raconte de drôles de choses à son sujet. Il paraît qu'à Charleville, il aurait écrit le mot de Cambronne sur les murs... Oui, parfaitement ! Et même pire que cela, ajoute-t-elle en rougissant.

— C'est donc ça qui te tracasse, lance Mme de Fleurville dans un éclat de rire. Mais tu confonds tout, petite sotte, dit-elle en pinçant gentiment les joues de sa fille. Ce n'est pas lui ! C'est un certain Alcide Bava, qui écrit aussi des poèmes. Celui-là, oui, c'est un voyou de la pire espèce, mais il n'a rien à voir avec notre petit génie... Comment le vois-tu, toi ? demande-t-elle, les yeux perdus dans le vague.

— Je ne sais pas trop. Il est vraiment très jeune, paraît-il et...

— Moi, je l'imagine, grand, mince, voire un peu frêle, très élégant, le regard noir, romantique, avec de longues mains fines et blanches... Oh ! Comme j'ai hâte de le voir ! »

Le grelot de la grille les fait sursauter.

« Qui cela peut-il être ? s'inquiète Mme de Fleurville. Paul n'a pas l'habitude de sonner. »

La femme de chambre ne tarde pas à passer sa petite tête ronde par l'entrebâillement de la porte :

« Il y a dehors une espèce de... enfin un jeune homme qui prétend être attendu.

— Son nom ?

— Alphonse Rimbaud.

— Arthur Rimbaud, idiote ! Vite ! Vite ! Faites entrer ! » ordonne Mme de Fleurville.

Le temps d'un dernier coup d'œil sur le miroir pour vérifier que le corset est bien serré, que les bijoux ne sont pas trop voyants, et l'invité entre.

Il s'arrête sur le pas de la porte. Croisant le regard des deux femmes qui se sont immédiatement avancées vers lui, il baisse les yeux et rougit. Puis il reste là, la minc renfrognée, les bras ballants, dans son vieux manteau trop large, son pantalon trop court qui laisse voir les chaussettes bleues, un peu plissées, tricotées dans une laine grossière, et ses godillots tout crottés. Il a l'air d'un gamin qui a grandi trop vite, d'un paysan.

Les deux femmes, quelque peu interloquées par l'irruption du jeune potache, en ont oublié les paroles de bienvenue et les compliments qu'elles avaient préparés.

« Bonjour, finit par bredouiller la mère.

— Bonjour, monsieur Rimbaud », ajoute la fille.

Il fait un vague signe de tête sans retirer son chapeau gris tout bosselé qui lui cache à moitié les yeux. La politesse, il n'en a rien à faire.

« Vous avez un bagage ? » reprend Mme de Fleurville.

Il fait « non » de la tête.

« Vous voulez dire que vous avez laissé votre valise à la gare ? »

Nouveau signe de tête négatif. La mère et la fille échangent un regard.

« Eh bien, entrez donc, asseyez-vous ! » propose Mme de Fleurville en essayant de sourire. Mais ses lèvres restent crispées en un rictus sévère.

Il embrasse la pièce d'un bref regard, puis se décide enfin à quitter le seuil de la porte. Sur le parquet ciré, ses gros godillots laissent des traces de boue. Il se cale dans un fauteuil, après avoir essayé une chaise.

« Prendrez-vous du thé ?

— Non. »

Mme de Fleurville lance un regard en coin à sa fille qui, tant bien que mal, bredouille quelque chose pour lui venir en aide :

« C'est absurde, n'est-ce pas ? Paul a dû rater votre

train. Je lui avais pourtant bien dit qu'il traînait trop, qu'il valait mieux partir à l'avance. »

Il lève les yeux sur elle. Son regard bleu est assez beau, mais farouche.

« Avez-vous trouvé la maison facilement ?
— Oui.
— Eh bien, cela vous a donné l'occasion de visiter un peu Paris ! »

Un silence s'ensuit, qui paraît durer une éternité. Sur ces entrefaites, arrive le chien de la maison. Il file droit sur l'inconnu en frétillant de la queue et le renifle de pied en cap. Car l'inconnu sent la campagne et porte des effluves auxquelles un chien de salon n'est plus guère habitué. Le jeune homme le caresse avec un peu de brutalité, comme le font les paysans. Il a des mains assez larges, rougeaudes, et ses ongles sont noirs.

« Comment s'appelle-t-il ? »

Les deux femmes sont si surprises par l'accent ardennais fortement marqué, par la voix rauque, comme si elle était en pleine mue, qu'elles laissent la question sans réponse. À leur grand soulagement, un bruit de pas se fait entendre dehors, et la porte s'ouvre.

Verlaine entre. Il s'avance vers le jeune homme après avoir négligemment jeté son chapeau sur un fauteuil.

Ils échangent une longue poignée de main.

L'un est affligé d'une calvitie naissante, porte un collier de barbe et ses pommettes saillantes font ressortir l'éclat de ses petits yeux noirs. Il a vingt-sept ans. Dix ans de plus que l'autre... L'autre, avec sa tête d'enfant sur son grand corps d'adolescent le fixe de ses yeux immenses, bleus, clairs. Avec de l'admiration, de l'émotion, de l'angoisse. Avec autre chose aussi.

Paul Verlaine

Épilogue

Rue Saint-Barthélémy.

Triste, exigu, l'appartement rappelle celui de la rue Bourbon, il y a bien longtemps. Autrefois, ils vivaient à cinq sous le même toit. Aujourd'hui, elles ne sont plus que deux. Deux femmes seules.

Dans le grand fauteuil, la mère s'est assoupie. Elle a sombré dans le sommeil brusquement, comme le font les vieux. La tête penchée sur le côté, la bouche ouverte, sa respiration est difficile. La lassitude se lit sur son visage. La lassitude et la souffrance : elle a dû s'endormir en pensant à ses enfants. À Frédéric : parti, marié sans son consentement. À Vitalie : morte. Emportée par le feu qui la dévorait de l'intérieur. À

Arthur, qui se trouve quelque part là-bas, en Afrique. Parti lui aussi, loin, toujours plus loin. Parti vers le soleil, vers la lumière. Depuis trop longtemps.

La vieille tressaille, tourne la tête, sans ouvrir les yeux : dans son sommeil, elle a entendu les pas d'Arthur qui dévalait l'escalier. Celui du quai de la Madeleine. Des manuscrits plein les poches, il allait à Paris, chez Verlaine. C'était il y a vingt ans.

Isabelle est là, auprès d'elle. La jeune femme porte un tablier bleu, la couleur de son enfance. Ses cheveux châtain foncé, ramassés en chignon sur sa nuque, accentuent la grâce de son long cou. Elle a un visage d'une extrême finesse, une silhouette fragile. Pourtant, ses mains sont larges et rougeaudes. Ce sont des mains de paysanne, habituées à travailler aux champs. Elle les regarde et pense à celles d'Arthur : aussi fortes, aussi rouges, entaillées par endroits, alors qu'elles ne maniaient que la plume quand, enfermé dans le grenier, à Roche, il écrivait son livre. Elle en a gardé un exemplaire. Il est là, posé sur la table : *Une Saison en Enfer.*

Les mains d'Arthur ont abandonné la plume. Abandonné la poésie. Arthur, commerçant, Arthur, chef de chantier, entre Aden et le Harar. Avec des mains tannées par un soleil de feu. Et lorsque leur souffrance est trop grande, ces mains reprennent la plume, mais pour écrire des lettres. Rien que des lettres. Comme celle qui vient de glisser à terre, reçue ce matin, et dont le contenu l'inquiète. Cette phrase surtout, qu'elle lit et relit depuis une heure : « *Je suis mal, très mal. Je suis réduit à l'état de squelette par cette maladie de ma jambe gauche qui est devenue à présent énorme et ressemble à une énorme citrouille*[1]. »

Le fauteuil à bascule craque et le couinement du bois ressemble à un gémissement. Isabelle fixe les flammes : fin mai et le feu est encore nécessaire. La tristesse des étés à Charleville... Ses yeux lui font mal. Il faudrait remettre du bois dans la cheminée afin que celle-ci ne fume plus, mais elle n'a pas la force de se lever. Elle frotte ses yeux douloureux et soudain, le souvenir surgit...

Arthur avait onze ans, Vitalie sept, et elle-même n'en avait que cinq. Arthur promettait de leur faire partager son don de magicien. « Serrez les poings, comme ça ! répétait-il de sa petite voix aiguë, et vous allez voir des points de couleur ! » À l'époque, elle avait refusé de jouer. Mais aujourd'hui, seule, elle accepte le jeu et la voilà qui porte ses poings serrés à ses paupières et qui frotte, frotte de toutes ses forces. Et ce qu'elle n'avait pas vu alors, ce soir, elle le voit. Des couleurs, très vives, et puis les contours d'une silhouette étrange. Un oiseau ? Le visage de son frère ?... Tout se brouille. Elle ferme les yeux et subitement, d'autres images lui reviennent en mémoire.

Deux ans après son départ pour Paris, Arthur était rentré à Roche. Pendant que la famille travaillait aux

---

1. *Lettre de Rimbaud à sa mère et à sa sœur*, in *Arthur Rimbaud*, Éd. Laffont, 1992, p. 363.

champs, il écrivait, enfermé dans le grenier. Elle était trop jeune alors, elle ne comprenait pas ce qu'il faisait là-haut. Elle ne comprenait pas son silence entrecoupé de sanglots. Elle n'a pas compris non plus pourquoi, un an après, lorsque son livre a été publié, il a décidé de partir... Paris, Bruxelles, Londres, Stuttgart, Rotterdam, Naples, l'Afrique. Sur une carte accrochée dans leur chambre, Vitalie entourait toutes les villes où il passait. Vitalie était sa préférée, elle le sait et n'en est pas jalouse. Vitalie, elle, le comprenait, elle lui ressemblait. Et Vitalie est morte... Isabelle frissonne dans son sommeil : elle revoit Arthur, lors de l'enterrement de sa sœur, le crâne rasé en signe de deuil, le visage baigné de larmes...

Elle avait eu alors la sensation qu'il ne tarderait pas à la rejoindre. Mais ce soir, elle refuse cette idée... Elle cherche une autre image de son frère, pense à une photo qu'il lui a envoyée plus tard : « *Moi, sur le toit de ma maison, Harar, 1884* », avait-il inscrit en légende. Le cliché le représentait debout, s'appuyant à une barrière. Au loin s'étendait un paysage de rocaille et de brousse. Il portait une veste sombre, ample. Ses cheveux étaient courts et entièrement gris...

Vitalie, morte. Arthur, les cheveux gris... Isabelle s'efforce de rouvrir les yeux. Elle veut quitter ce sommeil agité de cauchemars. Mais elle le voit encore, son frère. Allongé sur une civière cette fois, le teint aussi pâle qu'un mort, les mains crispées sur une jambe atrocement enflée, maudissant le soleil qui le brûle.

Elle l'entend gémir, et elle crie elle aussi, pour se réveiller, pour chasser cette vision. Des coups résonnent dans sa tête... Elle se réveille enfin : c'est à la porte qu'on cogne. Elle se lève et va ouvrir.

Ernest Delahaye se tient sur le seuil. Pâle, il lui tend un papier, un télégramme destiné à Mme Rimbaud : « *Marseille. 22 mai 1891. Déposé à 2 h 50 du soir... RIMBAUD.*

Aujourd'hui, toi ou Isabelle, venez.
Marseille par train express. Lundi matin on ampute ma jambe. Danger mort. Affaires sérieuses à régler. Arthur. Hôpital Conception. Répondez[1]. »

Les hommes en blanc ont terminé leur visite et échangent leurs impressions sur le pas de la porte.

« Il semble un peu mieux ces jours-ci, dit le plus jeune.

— Oui, mais cela n'annonce rien de bon. Ce n'est qu'une courte période de rémission avant le dernier souffle.

— Nous ne pouvons plus rien pour lui, n'est-ce pas ?

— Non, le cancer s'est généralisé et peu à peu, la paralysie va gagner le corps tout entier. »

Le docteur Beaudier jette un coup d'œil à travers la porte, sur son patient assoupi.

---

1. *Télégramme de Rimbaud à sa mère*, in *Arthur Rimbaud*, Éd. Laffont, 1992, p. 364.

« Il y a quelque chose dans son cas que je ne comprends pas, reprend-il.

— Vous ? s'exclame le jeune médecin. Pourtant, avec votre expérience...

— Oh ! L'expérience ! » répète le docteur Beaudier en hochant la tête. Sans quitter du regard le visage de son patient : « Jamais, poursuit-il, je n'ai vu un malade délirer de cette façon... Je veux dire, avoir des moments de délire aussi étranges, aussi beaux.

— Bah ! Le délire est imputable à la morphine, tout simplement.

— Non, j'ai donné des instructions pour qu'on arrête la morphine il y a trois jours déjà. Il ne prend plus rien et pourtant...

— Alors c'est la fièvre qui est responsable. »

Le docteur Beaudier se tourne vers son confrère et rétorque d'un ton sec :

« Il ne peut y avoir d'explications rationnelles à toute chose, même en médecine. Vous l'apprendrez plus tard. On dirait que... »

Ouvrant un peu plus la porte, il observe encore longuement son patient.

« On dirait qu'il achève sa vie dans une sorte de rêve continuel. Parfois, lorsque je l'examine, il me dit des choses bizarres très doucement. Oui, il évoque ses rêves et ses mots sont si beaux que je serais incapable de les rapporter sans les trahir. Une fois même, il m'a pris à témoin. Il semblait réellement voir quelque chose et me demandait si moi aussi je le voyais. Il parlait de couleurs, de feu, de magie... Saviez-vous que lorsqu'il était très jeune, il écrivait des poèmes ? »

Son collègue ne lui répond pas. Il a déjà sorti la fiche du malade suivant.

« Oui, vous disiez ? lance-t-il au bout d'un moment.

— Je disais que j'ai un service à vous demander. À partir d'aujourd'hui, je vous confie les visites. Je ne peux plus l'examiner, ses larmes me bouleversent. »

Derrière la porte de la chambre, Isabelle n'a pas perdu un mot de la conversation. Tandis que les silhouettes blanches s'éloignent, elle demeure immobile un instant, souriante. L'annonce de la mort prochaine de son frère ne l'a guère surprise.

Elle soigne Arthur avec un dévouement extrême depuis cinq mois maintenant et, comme le vieux médecin, elle a été le témoin direct de ses délires, de ses visions.

À Roche tout d'abord, lorsque, après son amputation, il a passé un mois de convalescence dans la ferme familiale. Elle ne le quittait pas une minute quand, malgré ses souffrances, il souhaitait se promener dans la campagne ardennaise en pestant contre ce sordide été 1891, ses pluies incessantes et sa bise glaciale. Quand, claudiquant, béquillant, il attendait la jambe articulée que les médecins lui avaient promise pour repartir.

Elle était encore là lorsque, à la fin du mois d'août, la douleur l'a de nouveau immobilisé. Des heures entières, il demeurait assis sous le noisetier, dans la cour, le regard perdu au loin. Elle se tenait à ses côtés, satisfaisant ses moindres désirs, ne laissant personne s'approcher de lui. Et elle en a été récompensée, car elle a eu le privilège, à de brefs instants, de partager ses visions... Oui, une fois, à Roche, elle a vu le ciel gris s'illuminer de couleurs : l'oiseau. Le Voleur de Feu.

Puis le mal a progressé encore et il a fallu le faire hospitaliser une seconde fois. À présent, elle ne quitte plus cette chambre d'hôpital et en ce mois de novembre, elle remercie le ciel d'avoir, pour son frère, retardé l'hiver. Oui, le bleu du ciel à Marseille est sans nuages et le soleil est au rendez-vous.

« Isabelle ! »

Comme chaque matin, le prénom de sa sœur est le premier mot qu'Arthur prononce au réveil. Elle s'avance vers le lit.

Il est terriblement amaigri, sa respiration est courte, saccadée. Sa jambe gauche n'est plus qu'un moignon. Son bras droit, inerte, repose sur une épaisse couche de ouate et le gauche est gonflé de pansements. L'opulente tignasse blonde a fait place à des cheveux gris clairsemés, son teint est pâle, ses yeux cerclés de noir... Méconnaissable, le garçonnet à la peau rosée, l'adolescent au regard farouche, le commerçant du Harar au teint cuivré.

« As-tu beaucoup souffert cette nuit, mon Arthur ? » demande Isabelle.

Les yeux immenses, que le noir des cernes fait

paraître plus clairs encore, se tournent vers elle. Ils ne sont pas emplis de larmes comme les autres jours. Elle se penche vers sa bouche pour mieux entendre les paroles qu'il a du mal à articuler.

« Moins, un peu moins... Quel temps fait-il ? »

Isabelle va ouvrir la fenêtre et le soleil entre à flots dans la pièce. Ébloui, Arthur cligne des yeux et sur ses lèvres blêmes, un sourire s'esquisse.

« Veux-tu que j'arrange ton lit ? »

Il fait un signe de tête négatif, tente de bouger son bras gauche, mais une grimace de douleur déforme aussitôt son visage.

« Qu'est-ce qui te ferait plaisir ? » insiste Isabelle, comprenant qu'il veut lui montrer quelque chose.

« Le sac du Harar... »

Elle se dirige aussitôt vers le placard et en sort un petit sac de toile qu'elle ouvre en souriant. Ce sac renferme tous les objets qu'Arthur a rapportés du Harar. À Roche, souvent, il lui demandait de les installer dans sa chambre et il a insisté pour les emporter à l'hôpital. Voilà des mois qu'il ne les avait réclamés et Isabelle, heureuse de satisfaire à ce désir soudain, s'empresse de tout mettre en place, comme il lui a appris à le faire.

Elle déroule des nattes de paille sur le sol, puis dépose sur la table de chevet des pierres ramassées dans le désert : des pierres qui changent de couleur selon la lumière. Sur l'autre table, elle dispose des bijoux : un lourd collier d'argent ciselé et des bagues serties de ces mêmes pierres du désert. Puis, tout doucement, prenant garde de ne pas heurter la jambe malade, elle retire le drap du lit et le remplace par un magnifique burnous tissé de coton blanc et de fils d'or, acheté à Aden.

Lui, allongé, inerte, ponctue ses gestes de sourires et de mots arabes qu'elle ne comprend pas, mais dont elle aime la sonorité chantante. Elle se hâte ensuite d'accrocher aux montants de la fenêtre une grande étoffe abyssinienne, chamarrée, aux teintes éclatantes. Enfin elle allume des bougies et fait brûler de l'encens. Pensant ne rien avoir oublié, elle se tourne vers son frère et l'interroge du regard.

« Djami !
— Oui. »

Souvent, depuis sa maladie, il lui donne le nom de celui qui fut son fidèle serviteur, là-bas, au Harar. Il lui a longuement parlé de ce compagnon qui le suivait partout. Le petit homme noir aimait l'aube. Comme lui. Le petit homme noir avait des insomnies. Comme lui. Alors il jouait de la musique, la nuit, dans le désert, en faisant sonner deux vieilles casseroles. Il lui avait promis un orgue de Barbarie. L'orgue est là, posé dans un coin de la chambre. Arthur l'avait fait acheter dès son arrivée à Roche.

« Djami ! La musique… »

Isabelle va s'asseoir devant l'instrument et tourne la manivelle. Aussitôt, le visage d'Arthur s'éclaire. Le contact du burnous sur sa peau lui procure une douce chaleur. Peu à peu, sa douleur s'apaise. Ne pouvant mouvoir librement que la tête, il la tourne sans cesse vers les bijoux posés à son chevet, les flammes des bougies, ou l'étoffe suspendue à la fenêtre.

Derrière le tissu, le soleil joue avec les couleurs, capte un orange, donne au bleu une intensité profonde, fait briller les fils d'or... Dans la pièce, se répand le parfum enivrant de l'encens... Et voilà que l'étoffe se gonfle sous le souffle d'une brise légère. Les couleurs chavirent, les flammes affolées dansent, grandissent. Alors surgit l'oiseau, le Voleur de Feu, le faiseur de couleurs...

Il vient se poser sur l'oreiller. Près du visage d'Arthur. Tout près. Comme la première fois. Quand l'enfant, dans le noir, craignait d'être orphelin. Aujourd'hui, l'homme au corps meurtri a toujours peur du noir. Absence de couleurs.

« Baou... Baou... »

Vingt ans qu'il n'a pas prononcé ce nom. Vingt ans qu'il n'a pas crié, qu'il n'a pas écrit, qu'il n'a pas *VU*.

« Où sont les courses à travers monts, les cavalcades, les promenades ? murmure-t-il. Ma vie est passée, je ne suis plus qu'un tronçon immobile. »

L'oiseau s'approche encore. Il sent son souffle sur sa joue, sa chaleur. Alors son regard s'éclaircit et peu à peu, il retrouve sa voix d'antan. Sa voix d'adolescent. Tantôt grave, tantôt haut perchée.

« J'ai approché le soleil de trop près et je m'y suis brûlé... »

L'oiseau s'est posé tout contre lui. Son plumage se mêle à sa chevelure jusqu'à se fondre complètement. Le bleu des yeux s'illumine. Et les images jaillissent.

« J'ai vu la mer. J'ai vu l'or des Rios. J'ai vu les arcs-en-ciel. J'ai vu des Lys !... Des anges de marbre, des colonnes d'améthyste... »

L'Oiseau et le Poète ne font plus qu'un. Ils vont partir pour un dernier voyage, pour une ultime fugue. Sans fin. Sans retour. Ensemble, ils vont aller sous la terre. Ensemble, ils vont marcher dans le soleil. Trouver la lumière. Le rendez-vous des Voleurs de Feu.

Au fond de la pièce, le petit orgue s'est tu. Une dernière note de musique. Un dernier son de poésie.

« *A noir, E blanc, I rouge, U vert, O bleu*[1]. »

Il s'est endormi avec des couleurs plein les yeux.

---

1. *Voyelles,* in *Rimbaud, Poésies,* Éd. G. F., 1989, p. 191.

Sources

Certains chapitres, ou parties de chapitres, sont directement inspirés des poèmes suivants :

CHAPITRES

2. 2e PARTIE : *Les Étrennes des Orphelins,* in *Rimbaud, Poésies,* Éd. G.F. 1989, p. 42.

3. À PARTIR DE LA P. 36 : *Voyelles,* ibid., p. 191.
   Les Poètes de sept ans, ibid., p. 163.
   Les Chercheuses de Poux, ibid., p. 188.

4. 1ere PARTIE : *Les Premières Communions,* ibid., p. 179.
   3e PARTIE : *Les Poètes de sept ans,* ibid., p. 163.

5. 2e PARTIE : *Un cœur sous une soutane,* ibid., p. 109.

6. 1ere PARTIE : *Cahier des dix ans,* ibid., p. 40-41.
   2e PARTIE : *Le Bateau ivre,* ibid., p. 184.

9. 2e PARTIE : *À la Musique,* ibid., p. 88.

Première Soirée, ibid., p. 63.
Roman, ibid., p. 92.

10. À LA FIN : *Le Dormeur du val,* ibid., p. 98.

11. 1ere PARTIE : *Mémoire,* in *Rimbaud, Vers Nouveaux,* Éd. G.F. 1989, p. 56.

14. 2e PARTIE : *Sensation,* in *Rimbaud, Poésies,* ibid., p. 65.
Larme, in *Rimbaud, Vers Nouveaux,* ibid., p. 58.
Ma Bohême, in *Rimbaud, Poésies,* ibid., p. 103.
3e PARTIE : *Aube,* in *Rimbaud, Illuminations,* ibid., p. 85.
4e PARTIE : *Au Cabaret Vert,* in *Rimbaud, Poésies,* ibid., p. 99.

15. 1ere PARTIE : *Les Assis,* ibid., p. 130.

16. 3e PARTIE : *Les Mains de Jeanne Marie,* ibid., p. 155.

17. LA TROISIÈME PARTIE est inspirée de cette phrase extraite d'*Une saison en enfer :*
« Je m'habituai à l'hallucination simple : je voyais très franchement une mosquée à la place d'une église, une école de tambours faite par des anges, des calèches sur les routes du ciel, un salon au fond d'un lac », in *Rimbaud, Une saison en enfer,* Éd. G.F. 1989.

CHAPITRES

4. P. 41 : « *La Madelomphe* », Rimbaud avait ainsi surnommé le quai de la Madeleine où il habitait.

5. P. 60 : Monsieur Pérette, surnommé « *Le Père Bos* », a dit de Rimbaud :
« Tout ce que vous voudrez... Il a des yeux et un sourire qui ne me plaisent pas... Je vous dis qu'il finira mal... »
Propos rapportés par Ernest Delahaye dans *Souvenirs familiers.*

14. P. 170 : L'épisode de la tablette de chocolat est inspiré de cet extrait de : *Lettre à Léon Billuart :* « Charleroi, 8 octobre 1870 : J'ai soupé en humant l'odeur des soupiraux d'où s'exhalaient les fumets des viandes et des volailles rôties des bonnes cuisines bourgeoises de Charleroi, puis en allant grignoter au clair

de lune une tablette de chocolat fumacien », in *Arthur Rimbaud,* Éd. Laffont, 1992, p. 228.

17. P. 221 : Le dialogue entre Arthur et Mme Rimbaud est inspiré de : *Lettre à Paul Demeny 28 août 1871,* in *Arthur Rimbaud,* Éd. Laffont, 1992, p. 247.

Les citations suivantes :
« Le travail est plus loin de moi que mon ongle l'est de mon œil... »
« Quand vous me verrez manger positivement de la merde, alors seulement vous ne trouverez pas que je coûte trop cher à nourrir... »
sont extraites de : *Lettre de Rimbaud à Verlaine, avril 1872,* in *Arthur Rimbaud,* Éd. Laffont, 1992, p. 249.

Épilogue p. 241 : les paroles du docteur Beaudier sont inspirées de *Lettre d'Isabelle Rimbaud à sa mère, 28 octobre 1891,* in *Arthur Rimbaud,* Éd. Laffont, 1992, p. 378-379.

BAOU est extrait de *Dévotion,* in *Rimbaud, Illuminations,* Éd. G.F., 1989, p. 106.

Je tiens tout particulièrement à signaler le remarquable ouvrage de Jean-Luc Steimetz : *Rimbaud, une question de présence,* Éd. Tallandier, 1991, qui a été un précieux instrument de travail pour l'écriture de ce roman.

Sarah Cohen-Scali

Née en 1958, à Fès (Maroc), Sarah Cohen-Scali est parisienne depuis l'âge de deux ans. Après des études de lettres et de philosophie, elle s'est lancée dans le théâtre, puis l'écriture de romans pour la jeunesse. Depuis longtemps, elle avait envie de raconter l'enfance d'Arthur Rimbaud. Voilà qui est fait... avec sensibilité et talent !

Si vous avez aimé ce livre, vous aimerez aussi dans la collection Le Livre de Poche Jeunesse :

Les plus beaux poèmes d'hier et d'aujourd'hui
Poèmes réunis par Jacques Charpentreau
Parmi les quatre mille poèmes publiés dans la collection Fleurs d'encre, Jacques Charpentreau en a choisi cent soixante-dix inoubliables !
Pour tous
N° 1059

Demain dès l'aube
Jacques Charpentreau en collaboration avec Dominique Coffin
Une sélection de poèmes écrits par des poètes d'aujourd'hui.
Pour tous
N° 1021

Racine. L'enfant à la cicatrice
Jacques Charpentreau
Avec ses intrigues et ses triomphes, la vie de Racine a tout d'une pièce de théâtre !
12 ans et +
N° 681

Chahta-Ima. La voix des Indiens
Jackie Landreaux-Valabrègue
Au XIXè siècle, en Louisiane, Adrien Rouquette défend la cause de la tribu des Chahtas en épousant une indienne.
13 ans et +
N° 692

Jean de la Fontaine, l'ami de toujours
Jackie Landreaux-Valabrègue
Racontée par le subterfuge d'un narrateur-ami, la vie méconnue d'un grand écrivain aux multiples facettes.
12 ans et +
N° 526

La vie galopante d'Alexandre Dumas
Daniel Zimmermann
De sa jeunesse épique à Villers-Cotterêts à sa mort à la veille de la Seconde République, la vie agitée, théâtrale, passionnée de Dumas est un vrai roman !
24 juillet 2002 : Bicentenaire de la naissance d'Alexandre Dumas
12 ans et +
N° 771

« Pour l'éditeur, le principe est d'utiliser des papiers composés de fibres naturelles, renouvelables, recyclables et fabriquées à partir de bois issus de forêts qui adoptent un système d'aménagement durable. En outre, l'éditeur attend de ses fournisseurs de papier qu'ils s'inscrivent dans une démarche de certification environnementale reconnue. »

Composition JOUVE – 53100 Mayenne
N° 2982501
Imprimé en Espagne par LITOGRAFIA ROSÉS S.A. (08850) Gava
32.04.2441.7/05- ISBN : 978-2-01-322441-3
Loi n° 49-956 du 16 juillet 1949 sur les publications destinées à la jeunesse
Dépôt légal : octobre 2009